AF263925

LA VÉRITÉ ET LE DROIT

DANS LA CAUSE

DE

LA BRANCHE AINÉE DES BOURBONS

CONTRE

LE COMTE DE CHAMBORD

PARIS

LIBRAIRIE ANDRÉ SAGNIER

9, RUE VIVIENNE, 9

LIBRAIRIE AUG. GHIO, 41, QUAI DES GRANDS-AUGUSTINS

—

1873

LA
VÉRITÉ ET LE DROIT

DANS LA CAUSE

DE LA BRANCHE AINÉE DES BOURBONS

CONTRE

LE COMTE DE CHAMBORD

Le vendredi 1er août 1873, cette affaire a été appelée à la 1re Chambre de la Cour d'appel de Paris et fixée pour être plaidée, après les vacances, en *audience solennelle*.

On s'est beaucoup préoccupé, dans l'opinion publique, en France et à l'Étranger, du retard apporté à la décision de la Branche aînée des Bourbons contre le Comte de Chambord. Un des motifs principaux de ce retard provient des règlements et usages de la Cour d'appel. Aujourd'hui, les audiences solennelles ne se tenant qu'à époques fixes, il n'y en avait pas de possible dans le dernier semestre de l'année 1873. M. le premier Président ayant décidé que la réclamation des héritiers du Duc de Normandie devait être portée devant une audience solennelle, il en résulte qu'elle ne peut venir, pour les plaidoiries, qu'après les vacances judiciaires, qui durent jusqu'au mois de novembre. Mais, comme la cause est officiellement mise au rôle des audiences solennelles, il est maintenant certain qu'elle devra être plaidée dans les premiers mois de la rentrée des tribunaux.

En attendant ce jour des débats publics, nous regardons comme d'une réelle importance la publication du placet et des conclusions subsidiaires, c'est-à-dire, des faits pertinents et admissibles dont les Appelants demandent à faire la preuve, pour le cas où la Cour jugerait dans sa sagesse qu'il y a lieu de procéder à une enquête.

Ce résumé des *véritables* pièces du procès aura encore l'avantage d'éclairer le public honnête et impartial sur les articles d'une certaine coterie de journalistes, qui, ne pouvant pas ignorer les faits constants de la cause soumise à la justice de la Cour, les dénaturent ou les dissimulent par esprit de parti et pour complaire aux prétendants monarchiques.

Voici les deux actes dont il est question :

CONCLUSIONS

SIGNÉES ET DÉPOSÉES PAR Mᵉ DUMONT,

AVOUÉ DES APPELANTS.

Statuant sur l'appel d'un jugement rendu par la première chambre du Tribunal civil de la Seine, le 5 juin 1851, enregistré,

Attendu que les Appelants, par leur exploit introductif d'instance, devant le Tribunal civil de la Seine, de Jacquin, huissier à Paris, du 29 août 1850, ont demandé :

« Que l'acte du prétendu décès du Duc de Norman-
« die, leur père et époux, dressé le 24 prairial an III
« (12 juin 1795), fût considéré comme nul et non
« avenu ; que la mention de cette nullité serait faite
« par la transcription en marge dudit acte du juge-
« ment à intervenir ; qu'en conséquence les deman-
« deurs seraient reconnus veuve et enfants légitimes
« de Charles-Louis, Duc de Normandie, fils lui-même
« de Louis XVI et de Marie-Antoinette, son épouse,
« et admis lesdits demandeurs à jouir de tous les
« droits civils qui appartenaient à leur père et époux,
« pour les faire valoir ultérieurement devant telle
« juridiction qu'il appartiendra. »

Attendu que cette assignation, régularisée au par-
quet du Procureur de la République dudit Tribunal,
dans la même journée, était donnée :

1° A Mme la Duchesse d'Angoulême, appelée Com-
tesse de Marnes, veuve du Duc d'Angoulême,
fille de Louis XVI et de Marie-Antoinette-Joséphe-
Jeanne, son épouse, décédés Roi et Reine de France ;

2° A M. le Duc de Bordeaux, dit aussi le Comte de
Chambord, seul appelé en cause aujourd'hui devant
la Cour, comme ayant appréhendé l'entière succession de Mme la Duchesse d'Angoulême, sa tante, décédée nantie des successions du Roi Louis XVI et de
la Reine Marie-Antoinette, etc. ;

3° Et à Mme la Duchesse de Parme, sœur dudit
Comte de Chambord, laquelle d'ailleurs aujourd'hui
décédée, n'a plus intérêt au procès, n'ayant rien re-

cueilli de la succession de la Duchesse d'Angoulême, sa tante,

Attendu que, sur cette demande, le Tribunal rendit, à la date du 5 juin 1851, le jugement dont est appel, qui repousse les demandes principales et subsidiaires des concluants, par les motifs suivants :

« 1° Attendu qu'il est constant, en fait, que, depuis
« le 10 août 1792 jusqu'au 9 thermidor 1794, la sur-
« veillance du Temple a été l'objet des précautions
« les plus minutieuses, et que, depuis le 9 thermidor
« 1794, la vigilance de ces précautions n'a pas di-
« minué ;

« 2° Attendu que l'acte de décès du fils de Louis XVI,
« du 12 juin 1795, et le procès-verbal de son autopsie
« ont été environnés d'une publicité incontestable,
« qui ne permet pas d'admettre une supposition de
« personne ;

« 3° Que ces actes sont confirmés surabondamment
« par les dépositions de Lasne, de Gomin, judiciai-
« rement recueillies en 1837, et contre lesquelles on
« ne peut élever aucune présomption sérieuse ;

« 4° Attendu que, sans rechercher les antécédents
« de Naundorff, le seul fait de son ignorance de la
« langue française, jusqu'en 1832, suffit pour re-
« pousser l'origine qui lui est attribuée ;

« 5° Qu'enfin, on ne peut expliquer le silence con-
« stamment gardé avant, pendant et après la Restau-
« ration de 1814, par toutes les personnes qui au-
« raient participé à la prétendue évasion du Temple ;

« 6° Attendu qu'en cet état les faits articulés par
« les demandeurs sont dès à présent réfutés... Le Tri-
« bunal déboute les demandeurs de leurs conclu-

« sions, tant principales que subsidiaires, et les con-
« damne au dépens. »

RÉFUTATION

Attendu qu'il convient d'examiner et de réfuter
chacun des motifs :

Sur le premier motif du jugement :

Attendu qu'il sera établi devant la Cour que l'é-
vasion du Dauphin a eu lieu à la suite de deux sub-
stitutions d'enfants, successivement mis à sa place
par le concours du président du Directoire Barras, et
des principaux conventionnels, tels que Cambacérès,
Sieyès, Fouché, Mathieu, Reverchon et autres ;

Que la preuve authentique de ce concours existe au
dossier ; d'où il suit que la surveillance, si rigoureuse
qu'on la veuille supposer, ne devait pas empêcher
l'évasion, puisque cette surveillance était ordonnée par
ceux-là mêmes qui voulaient et préparaient la fuite du
Prince, même avec l'assentiment des Comités de la
Convention ; de sorte que cette surveillance apparente
servait à masquer les moyens d'évasion, à cette époque où tout soupçon pouvait amener la mort de celui
qui le faisait naître.

Sur le deuxième motif :

Attendu que l'histoire de cette époque révolution-
naire dément formellement cette assertion : *que l'acte
de décès et le procès-verbal d'autopsie aient reçu une
publicité incontestable ;*

Attendu, au contraire, que tout ce qui a trait à cette mort a été environné de mystère ;

Que l'acte prétendu de décès n'a été dressé que quatre jours après le décès, contrairement au vœu de la loi, et sans l'observation des formalités prescrites en pareil cas ;

Que l'original de cet acte de décès ne se trouve nulle part et qu'il serait impossible de le produire ;

Que la Dauphine, alors *âgée de dix-sept ans,* également prisonnière dans le Temple, *n'a pas été appelée,* et *qu'elle a ignoré* ce prétendu décès jusqu'à sa sortie du Temple ;

Que l'enterrement qui a suivi ce décès n'a pas été moins extraordinaire ; que toutes les circonstances se rattachant à ces événements sont restées enveloppées des plus épaisses ténèbres, parce qu'il fallait ménager aux Conventionnels, ambitieux et prudents, complices de l'évasion, la possibilité de spéculer, quand l'heure serait venue, sur le secret si important qu'ils possédaient de l'existence du fils de Louis XVI.

Sur le troisième motif :

Attendu que les dépositions de Lasne et de Gomin, judiciairement recueillies en 1837, ne sont nullement de nature à confirmer l'acte de décès du 12 juin 1795 et le procès-verbal d'autopsie, actes dont les originaux sont introuvables ;

Que ces dépositions sont mensongères et contradictoires entre elles ; que les Appelants établissent authentiquement que ces deux témoins, qui ont voulu jouer le rôle de personnages, n'ont jamais connu ni pu connaître le fils de Louis XVI, lequel avait été déjà remplacé par un autre enfant dans la prison du Temple lorsque Lasne et Gomin y ont été nommés gardiens ;

Attendu que l'acte de décès, *qu'on ne trouve relaté que dans les journaux de l'époque* et les livres d'histoire, tel qu'il est conçu, ne peut être tenu pour un acte sérieux, régulier, faisant foi en justice, en ce qu'il s'agirait de l'appliquer à la personne du Dauphin, parce qu'il n'est pas conforme aux lois de cette époque, lesquelles ne diffèrent en rien des prescriptions mentionnées au Code civil qui nous régit aujourd'hui ;

Que cet acte non représenté, dépourvu d'ailleurs de *tout caractère d'authenticité*, ne pouvait être raisonnablement opposé d'office, ni autrement, aux Appelants, pour servir à annuler *un autre acte de décès dressé cinquante ans plus tard,* 10 août 1845, *par une autorité compétente et s'appliquant à la personne même qu'on prétend être mentionnée dans l'acte du 12 juin* 1795 ;

Que les Appelants, apportant à la Cour le véritable acte de décès du duc de Normandie, leur père et époux, du 10 août 1845, le prétendu acte de décès du 12 juin doit être déclaré nul, ou tout au moins être judiciairement reconnu ne pas concerner le Dauphin Louis XVII ;

Attendu que le *procès-verbal d'autopsie, également introuvable, en original ou en expédition authentique,* pris tel qu'il figure dans les journaux et dans l'histoire et les mémoires du temps, ne signifie absolument rien relativement au prétendu décès du fils de Louis XVI au Temple ;

Qu'en effet, ceux qui allaient procéder à cette opé-
ration ont rédigé en ces termes le préambule de leur
procès-verbal :

« Nous sommes entrés, etc..., et l'on nous a pré-
« senté le corps d'un enfant *qu'on nous a dit être* le
« fils de Louis Capet, etc...; »

Que cette rédaction ne permet de tirer aucun argument en faveur de l'identité de l'enfant décédé avec
le Dauphin;

Qu'ils se sont bornés à constater la déclaration qu'on
leur faisait sans la contester, ni l'approuver; — que,
dès lors, du procès-verbal d'autopsie qui décrit, d'ailleurs, *un corps et des maladies qui n'ont aucune ana-
logie avec la constitution et le tempérament bien
connus du Dauphin*, on ne peut tirer la conséquence
que les médecins aient autopsié le corps du Dauphin
lui-même;

Qu'en fait, ce n'est pas l'autopsie du Dauphin qui a
eu lieu, mais bien celle d'un enfant qui lui avait été
substitué, *avant l'entrée de Lasne et de Gomin au
Temple;*

Qu'en effet, l'un des médecins qui a fait l'autopsie
avait mystérieusement conservé le cœur de l'enfant
autopsié; — qu'au retour des Bourbons en France, il
s'empressa de leur offrir ce cœur, comme étant celui
de Louis XVII, mais que les Bourbons le refusèrent,
quoiqu'ils se fussent bien assurés *que c'était celui de
l'enfant mort au Temple;* — qu'ils ne croyaient donc
pas aux déclarations de Lasne et Gomin, ni à l'acte
de décès de 1795; — que les Bourbons n'ont jamais
compris non plus Louis XVII dans les prières publi-

ques qui ont été dites en mémoire des victimes royales ;

Attendu, pour en finir sur ce point, que, si les dépositions de Lasne et de Gomin étaient aussi vraies qu'elles sont mensongères, elles ne pourraient être opposées aux Appelants devant la juridiction civile, car ces dépositions ont été faites en l'absence de la partie intéressée, violemment expulsée de France, dans une instruction correctionnelle dirigée contre le père et époux des Appelants, et terminée d'ailleurs par une ordonnance de non-lieu.

Sur le quatrième motif :

Attendu que l'argument tiré de l'ignorance presque complète de la langue française, dans laquelle le Prince se serait trouvé jusqu'en 1832, est loin d'être concluant ;

Qu'en effet, il est facile de comprendre que le Dauphin qui, après avoir vécu dans une captivité continuelle depuis l'âge de sept ans, avait été obligé de se réfugier en Prusse, pays qu'il a habité pendant vingt-deux ans, ait éprouvé quelque embarras à parler français dès son arrivée à Paris, en 1832 ;

Qu'il nous est révélé par les Mémoires de M. de Larochefoucauld (vol. 4, p. 7), que *Madame*, en sortant du Temple, parlait d'une manière si confuse le français qu'on la comprenait difficilement ; que cependant la Duchesse d'Angoulême avait sept ans de plus que son frère et avait toujours eu l'occasion de parler sa langue ;

Qu'ainsi donc, loin de trouver dans le quatrième motif du jugement une raison quelconque pour repousser l'origine royale du père et époux des Appelants, il ressort, au contraire, des faits et des circonstances les mieux établis, les motifs les plus puissants pour être convaincu de cette origine royale.

Sur le cinquième motif :

Attendu qu'en s'appuyant sur le prétendu silence constamment gardé par ceux qui ont concouru à sauver le Dauphin du Temple, soit avant, soit après la Restauration des Bourbons en 1814, le Tribunal a commis une erreur difficile à comprendre, car il existe au dossier des preuves irrécusables que le Dauphin sollicitait depuis 1814 sa reconnaissance par la famille royale, démarches que sa mort seule en 1845 a pu interrompre.

Qu'en outre, les Appelants mettent sous les yeux de la Cour la preuve authentique que Louis XVIII, Charles X, le Duc et la Duchesse d'Angoulême et le Duc de Berry ont connu l'existence de Louis XVII ;

Qu'enfin les Appelants apportent à la Cour la preuve que tous les souverains de l'Europe ont reçu la notification de l'évasion du Dauphin du Temple et, après 1814, des communications qui leur attestaient que le fils de Louis XVI était vivant ;

Attendu, enfin, pour répondre complétement à l'argument tiré de ce prétendu silence, qu'il est impossible de ne pas signaler à la Cour que le père et époux des Appelants a introduit, à la date du 13 juin 1836, ce que n'ont jamais fait aucun des faux prétendants, une demande en réclamation d'état civil devant le Tribunal de la Seine contre la Duchesse d'Angoulême, sa sœur, et contre le Comte d'Artois (Charles X), son oncle, et que, pour l'avoir fait, il fut immédiatement mis en état d'arrestation dans son domicile à Paris, et que ses papiers furent saisis ;

Que, malgré ses plus vives protestations, il fut conduit au dépôt de la préfecture de police, où il fut détenu au secret pendant vingt-six jours, et de là conduit entre deux gendarmes à Calais, d'où on l'embarqua violemment pour l'Angleterre ;

Que, depuis lors, il ne put jamais revenir en France, ni faire parvenir ses réclamations aux premiers corps de l'Etat, *ses écrits et ses imprimés qui démontraient ses droits les plus certains ayant été constamment saisis par la police.*

Sur le sixième et dernier motif :

Attendu qu'il se borne à rejeter la demande subsidiaire, à fin d'enquête, par cette raison que les faits articulés seraient, dès à présent, réfutés ;

Attendu que les Appelants se réservent de reprendre, devant la Cour, leurs conclusions subsidiaires à fin d'enquête ;

Qu'ils font, dès à présent, observer que l'identité du père et époux des Appelants a été constatée par les personnages les plus considérables et dont le témoignage ne saurait être récusé ;

Qu'ainsi cette identité a été reconnue : par Mme de Rambaud, qui n'avait pas un seul instant quitté le Dauphin, depuis sa naissance jusqu'à sa captivité ; par Mme Marco de Saint-Hilaire, autrefois attachée à la personne de Madame Victoire, tante du Roi ; par M. de Joly, dernier Ministre de la justice de

Louis XVI ; par M. Bremond, ancien secrétaire particulier du Roi, et par beaucoup d'autres personnages
encore ;

Que la preuve en sera mise sous les yeux de la
Cour ;

Par ces motifs,

Recevoir les concluants Appelants du jugement
susdaté ;

Donner acte aux concluants de ce que, en leurs qualités susénoncées, ils reprennent l'instance pendante
entre les parties ;

Déclarer ladite instance reprise, mettre à néant le
jugement dont il s'agit et décharger les concluants
des dispositions et condamnations contre eux prononcées ;

Et, statuant à nouveau,

Dire et ordonner que l'acte du prétendu décès du
Duc de Normandie, père et époux des Appelants,
dressé le 24 prairial an III (12 juin 1795), est nul et
non avenu ; que mention de cette nullité sera faite
par la transcription, en marge dudit acte, de l'arrêt
de la Cour ;

Dire, en conséquence, que les Appelants sont réel-
lement veuve et enfants légitimes de Charles-Louis,
Duc de Normandie, fils lui-même du Roi Louis XVI
et de la Reine Marie-Antoinette, Archiduchesse d'Autriche, son épouse ; ledit Duc de Normandie, décédé à
Delft (Pays-Bas), le 10 août 1845, et que lesdits Appelants seront admis à jouir de tous les droits civils qui
appartenaient à leur père et époux, pour les faire valoir devant toute juridiction compétente ;

Ordonner la restitution de l'amende,

Et condamner l'intimé aux dépens de première instance et d'appel, dont distraction en ce qui le concerne à M⁰ Dumont, avoué, aux offres de droit ;

Sous toutes réserves de prendre d'autres conclusions et spécialement de demander toute enquête et de former toutes demandes s'il y a lieu.

Et ce sera justice !

Dans le cas où la Cour ne se croirait pas suffisamment édifiée, donner acte aux Appelants de ce qu'ils posent en fait, offrent de prouver, tant par titres que par témoins, en la manière accoutumée devant tel de Messieurs que la Cour commettra à cet effet, les faits et circonstances qui suivent :

« 1° Que le Prince Charles-Louis ou Louis-Charles, Duc de Normandie, leur père et époux, né à Versailles (Seine-et-Oise), le 27 mars 1785, du mariage de Louis-Auguste Roi de France et de Navarre et de Marie-Antoinette-Josèphe-Jeanne Archiduchesse d'Autriche, Reine de France et de Navarre son épouse, n'est point décédé dans la prison du Temple à Paris, ainsi qu'on prétend l'établir par un acte de décès, dressé en ladite ville le 12 juin 1795, lequel est ainsi conçu :

« Acte de décès de Louis-Charles Capet du 20 de ce mois (8 juin), 3 heures après midi, âgé de dix ans deux mois, natif de Versailles, département de Seine-et-Oise, domicilié aux Tours du Temple section du Temple ;

« Fils de Louis Capet, dernier Roi des Français et de Marie-Antoinette-Joséphine-Jeanne d'Autriche ;

« Sur la déclaration faite à la maison commune par Etienne Lasne, âgé de 39 ans, gardien du Temple, domicilié à Paris, rue et section des Droits de l'homme n° 48 :

« Le déclarant a dit être voisin ;

« Et par :

« Rémi Bigot, employé, domicilié à Paris, vieille rue du Temple n° 61.

« Le déclarant a dit être ami :

« Vu le certificat de Dusser, commissaire de police de ladite section, du 22 de ce mois (10 juin),

« Signé : Lasne, Bigot, et Robin officier public ; »

« 2° Que cet acte est nul dans la forme et non valable quant au fond, pour constater le décès du Dauphin ;

« Qu'en effet cet acte ne satisfait point aux prescriptions de la loi d'alors, régulatrice des formalités requises pour la validité des actes de l'état civil ; *qu'il n'a point été signé de la sœur du Prince toujours détenue dans la prison du Temple, ni du commissaire de section en exercice au jour du décès; et qu'il n'a été rédigé que sur la déclaration de deux individus obscurs qui, évidemment, ne connaissant pas le Dauphin, n'ont pu certifier son identité avec l'enfant décédé;*

« 3° Que le Prince, au contraire, au moyen de la substitution d'un enfant à sa place, a été délivré de la prison du Temple par des amis dévoués, avec l'assistance de plusieurs membres influents du gouvernement qui succéda au 9 thermidor ; et que préalablement à ladite évasion un traité secret passé avec les Vendéens, dans la personne du général Charette, contenait la clause formelle que le fils de Louis XVI serait rendu à la liberté ;

« 4° Que, par des considérations majeures nées des circonstances de l'époque, ou par l'effet de combinaisons de la part des hommes du gouvernement, la délivrance du Prince, loin de se faire ostensiblement aux termes du traité, a été masquée politiquement par le faux acte de décès précité ;

« 5° Que des recherches ont été ordonnées sur tous les points de la France, ultérieurement au 8 juin 1795, à l'effet de ressaisir le Dauphin évadé ; et que plusieurs enfants arrêtés, sous prétexte qu'ils étaient l'orphelin royal, après que l'erreur eut été constatée officiellement, ont été remis en liberté ;

« 6° Que l'on trouve au *Moniteur*, à une date également postérieure à celle de l'acte de décès, plusieurs assertions, dont l'une à la date du 13 juillet, lesquelles démontraient qu'évidemment les directeurs du *Moniteur* savaient que Louis XVII n'était pas mort ; que plusieurs manifestes aussi émanés des chefs vendéens proclamaient cette certitude ;

« 7° Que les frères de Louis XVI, qui n'étaient pas en France à cette époque, et notamment le Comte de Provence, savaient pertinemment l'évasion du Temple de leur neveu; car le dernier, décédé Roi sous le nom de Louis XVIII, *s'est dit* et *agit* comme Régent de France, longtemps après qu'une déclaration de sa part avait notifié son avénement au trône, aux Français, à l'armée de Condé et aux gouvernements étrangers ;

« 8° Que les puissances étrangères, non plus, n'ont jamais douté de l'évasion du Temple du fils de Louis XVI, évasion d'ailleurs qui avait acquis en France et même en Europe un caractère de notoriété publique qui s'est perpétué jusqu'à ce jour ;

« 9° Que la Duchesse d'Angoulême, par sa conduite et ses paroles, a prouvé qu'elle ne croyait pas à la mort de son frère au Temple ;

« 10° Que cette vérité de l'évasion résulte aussi de témoignages historiques irrécusables, d'actes diplomatiques et d'aveux formels, tant de ministres étrangers et autres personnages politiques que de la part de Louis XVIII, depuis 1814 ;

« 11° Que c'est par le fait connu de l'existence du fils de Louis XVI que, sous la Restauration, aucun service funèbre n'a été institué pour célébrer l'époque du 8 juin 1795, parce que les Bourbons et la cour de Rome n'ignoraient pas qu'il était toujours existant ; que c'est là le motif aussi pour lequel, tandis que le gouvernement de Louis XVIII faisait faire des recherches simulées dans les cimetières de Paris, sous le vain prétexte de retrouver les restes du Dauphin, Louis XVIII, Charles X et la Duchesse d'Angoulême refusèrent de recevoir de la famille Pelletan le cœur de l'enfant décédé au Temple le 8 juin de l'année précitée, et que le docteur Pelletan, l'un de ceux qui firent l'autopsie du corps de l'enfant décédé, avait religieusement conservé comme étant pour lui le cœur du fils de Louis XVI ;

« 12° Que l'on ne peut, autrement que par la certitude d'une croyance commune à l'évasion, s'expliquer la facilité avec laquelle plusieurs fourbes ont, depuis 1795, abusé la foi publique en usurpant les noms et qualités du fils de Louis XVI, tels que Hervagault sous le Directoire, Mathurin Bruneau sous Louis XVIII, et Richemont sous Louis XVIII, sous Charles X, sous Louis-Philippe, sous la République de 1848 et sous l'Empire ; et que ce rôle ne pouvait être que l'imitation d'une vérité travestie, que les pouvoirs politiques qui soutenaient et accréditaient ces imposteurs étaient intéressés à méconnaître ;

« 13° Qu'enfin et indépendamment d'autres faits constants non relatés ici, qui démontrent l'évidence de la fausseté de l'acte de décès attaqué, des médailles ont été frappées par ordre en souvenir des principaux événements révolutionnaires, dont quatre constatent la date de la mort de Louis XVI, de la Reine de France, de Madame Élisabeth et de Philippe Égalité ; tandis que deux autres, consacrées au fils et à la fille de Louis XVI, *énoncent positivement la délivrance du Dauphin, à la date du jour assigné mensongèrement à son décès, par ces mots textuels :* « *Redevenu libre le 8 juin* 1795. »

« 14° En second lieu :

« Que le fils de Louis XVI, évadé du Temple, n'était autre que le père et époux des requérants, décédé à Delft (Hollande), le 10 août 1845, suivant acte de décès ainsi conçu :

« L'an 1845, le 10 août, est décédé Charles-Louis
« de Bourbon, Duc de Normandie (Louis XVII), ayant
« été connu sous les noms de Charles-Guillaume
« Naundorff, né au château de Versailles, en
« France, le 27 mars 1785, et, par conséquent, âgé de
« plus de soixante ans, demeurant en cette ville, fils
« de feu Sa Majesté Louis XVI, Roi de France, et de
« Son Altesse Impériale et Royale Marie-Antoinette,
« Archiduchesse d'Autriche, Reine de France, morts
« tous deux à Paris, époux de Mme la Duchesse de
« Normandie, née Jeanne Einert, demeurant ici ;

« Délivré par extrait, par nous Henri van Berkel,
« Bourgmestre, officier de l'état civil de la ville de
« Delft, aujourd'hui 27 août 1845.

« Signé : Van Berkel,

« Bourgmestre. »

« 15° Que le susnommé, depuis l'année 1810 jusqu'à l'époque de son retour en France (1833), a vécu
en Prusse, masqué sous le nom de Charles-Guillaume
Naundorff, qui lui fut imposé par le gouvernement
prussien, et sous lequel il a exercé la profession d'horloger dans les villes de Spandau, Brandebourg et
Crossen ;

« 16° Que, requis par M. Le Coq, directeur général
de la police du royaume, de se faire recevoir bourgeois
pour exercer légalement sa profession, il se vit con-
traint de lui révéler son origine royale et d'en établir
la justification par la remise de papiers qui la consta-
taient, lesquels étaient signés du Roi et de la Reine
de France ; que, par suite de cette révélation pleine-
ment justifiée aux yeux du magistrat prussien, il fut
reçu bourgeois de la ville de Spandau, par ordre du
gouvernement, quoique étranger non naturalisé et
avec dispense de produire les pièces impérieusement
requises en pareille circonstance, et notamment son
acte de naissance ; que ce fut enfin sur un seul certificat de M. Le Coq que son admission eut lieu sous le
nom imposé de Charles-Guillaume Naundorff, et
qu'il s'est marié, en 1818, également sans représenter
son acte de naissance ;

« 17° Qu'il a constamment élevé et maintenu sa
prétention d'être fils de Louis XVI ; et qu'aussitôt

que les événements politiques lui permirent de sortir de son *incognito* obligé, il réclama du gouvernement prussien la restitution de ses papiers, fit connaître officiellement aux autres cabinets de l'Europe, ainsi qu'aux divers membres de la famille royale de France, notamment depuis 1814, son origine royale, et ne cessa, jusqu'au jour de son décès, de solliciter sa reconnaissance et de demander sa réintégration dans ses droits et qualités civils de fils de Louis XVI ;

« 18° Que c'est par suite des demandes de justice qu'il a incessamment adressées aux pouvoirs compétents pour être jugé, qu'il a éprouvé en Prusse et en France tous les genres de persécutions imaginables ;

« 19° Que son identité avec le fils de Louis XVI est résultée de sa ressemblance et de la ressemblance de ses enfants avec les divers membres de la famille royale de France, ainsi que des signes particuliers qu'il portait sur son corps, et qu'on savait exister sur celui du Dauphin ;

« 20° Que cette identité a de plus été reconnue et attestée de la manière la plus positive, par de nombreux témoignages, et spécialement par d'anciens serviteurs du Roi et de la Reine à la cour de France, qui avaient connu le Dauphin avant son incarcération du 10 août 1792, tels que :

« Mme de Rambaud, attachée au service du Dauphin, Duc de Normandie, depuis le jour de sa naissance jusqu'au 10 août 1792 ;

« Mme Marco de St-Hilaire, anciennement attachée à Mme Victoire de France, tante du Roi Louis XVI ;

« M. Marco de St-Hilaire, ancien huissier ordinaire de la chambre de Louis XVI ;

« M. de Joly, dernier ministre de la justice, qui avait accompagné la famille royale jusque dans la loge du logographe, où il resta pendant toute la première journée ;

« M. Bremond, secrétaire particulier du Roi Louis XVI, dès le commencement de 1788 jusqu'au 10 août 1792 ;

« M. le Marquis de la Feuillade, des anciens Princes d'Aubusson ;

« Mme la Marquise de Broglio Solari, anciennement attachée au service de S. M. Marie-Antoinette et de la Princesse de Lamballe ;

« Personnages, dont plusieurs croyaient le Dauphin mort au Temple, qui, tous étrangers aux partis politiques, vivaient dans une honorable retraite, et ont appuyé leur reconnaissance sur des faits d'une évidence telle qu'elle ne peut tromper la raison ;

« 21° Que le père et époux des requérants a épuisé, de son vivant, tous les moyens de faire examiner le mérite de ses droits, soit auprès des membres de la famille de Louis XVI, son père, soit auprès des souverains de l'Europe, soit auprès des Chambres françaises, soit plus directement auprès des Tribunaux civils de la Seine, *et que ce n'est que par suite de violences exercées contre lui, ou de dénis de justice, qu'il n'a pu faire examiner judiciairement ses prétentions ;*

« 22° Qu'en effet, le 9 octobre 1835, un sieur Thomas lui fit signifier par huissier qu'il avait reçu des renseignements, directement tirés de l'ambassade prussienne, desquels il résultait que le prétendu Duc de Normandie n'était en réalité que le sieur Naundorff, fils d'un horloger prussien existant encore;

« 23° Que ledit individu Thomas fut cité devant le Tribunal pour rendre compte de sa dénonciation calomnieuse, et que, le 23 février 1836, le Duc de Normandie, par la décision du Tribunal, obtint une imposante justification;

« 24° Que, contrairement à toutes les lois, le 15 du même mois, il fut arrêté à son domicile, par ordre du gouvernement, sous le vain prétexte qu'il était *étranger, que ses papiers furent saisis, qu'il fut déposé au* dépôt de la préfecture de police *sans être interrogé,* et qu'on l'y maintint malgré son recours au Conseil d'Etat contre son illégale détention, et les démarches les plus instantes auprès du Roi des Français et des ministres chargés de faire respecter la liberté individuelle; qu'enfin, le 12 juillet 1836, il fut conduit par la gendarmerie jusqu'à Calais, et là embarqué pour l'Angleterre; que, nonobstant son bannissement, il se proposait de conduire à fin son action en réclamation d'état, mais il en fut empêché par les illégalités du gouvernement français, qui fit saisir aux frontières l'*Abrégé de l'histoire des infortunes du Dauphin,* document judiciaire qu'il produisait à l'appui de son instance judiciaire, et par le refus des officiers ministériels de l'assister pour donner suite à sa demande;

« 25° Qu'aussitôt après l'avoir expulsé violemment du territoire français, le gouvernement fit intenter contre lui une inculpation d'escroquerie commise au moyen des faux noms et fausses qualités de Charles-Louis de Bourbon, Duc de Normandie, fils de

Louis XVI, dont, disait-on, dans la procédure, le sieur Naundorff se prévalait sans droit ;

« 26° Qu'une première pétition, présentée aux Chambres après l'expulsion, pour appeler l'attention des pairs et des députés sur ces excès de pouvoir, a été écartée par un ordre du jour calomnieux contre le pétitionnaire ;

« 27° Que, postérieurement à ce nouveau déni de justice, des élections générales ayant amené une nouvelle Chambre des députés, le Prince lui présenta une nouvelle pétition, le 21 janvier 1838, par laquelle il demandait son rappel en France, à l'effet d'y suivre son procès civil, ou de s'y faire juger criminellement, sur les chefs de l'instruction correctionnelle perfidement instruite contre lui absent ;

« 28° Que cette pétition fut enregistrée au secrétariat de la Chambre et classée sous le numéro 365 ; mais qu'aucun rapport n'en fût fait, et que, préalablement, des exemplaires de cette pétition, adressés par lui à vingt-six députés, avaient été saisis à la frontière par ordre du gouvernement français ;

« 29° Qu'enfin, le 9 juillet 1839, un écrit intitulé : *Ministère de l'intérieur, direction de la police générale du royaume, et signé pour le ministre et par son autorisation, le conseiller d'État directeur Dejean,* énonçait que, de renseignements communiqués officiellement par le gouvernement prussien à M. le ministre des affaires étrangères, il résultait que Charles-Guillaume Naundorff était issu d'une famille de juifs établie dans la Prusse polonaise :

« 30° Que cette calomnie ayant été reproduite dans un journal intitulé *le Capitole,* le 29 mars 1840, et dans des numéros ultérieurs dudit journal, l'éditeur fut cité devant le tribunal de police correctionnelle pour répondre de sa diffamation, à la requête du Duc de Normandie et de M. Gruau de la Barre, son conseil, également diffamé;

« 31° Que, sur l'appel de la cause, le ministère public en requit la remise indéfinie, en y opposant la procédure en escroquerie commencée dans l'année 1837;

« Mais que le Tribunal ayant ordonné qu'elle fût mise à fin dans un bref délai, ce fut alors que la Chambre du conseil décida qu'il n'y avait pas lieu à suivre pour le délit d'escroquerie imputé à M. Naundorff;

« 32° Que cette décision n'ayant été rendue que sur l'audition de nombreux témoins, la question d'identité se trouve ainsi indirectement résolue; puisqu'il est vrai qu'on n'a pu soutenir contre M. Naundorff l'accusation judiciaire portée contre lui, qu'il se qualifiait sans droit Charles-Louis, Duc de Normandie, fils de Louis XVI;

« En un mot, que son identité a été confessée par des ministres prussiens, d'après des communications qui, bien que n'étant pas officielles, n'en doivent pas avoir moins de force devant la justice;

33° Qu'arraché à la France, où il avait saisi la justice civile de sa réclamation, violemment et arbitrairement jeté en Angleterre, le père des Appelants n'a cessé de prendre le titre et de jouir de la possession d'état de Duc de Normandie, fils de Louis XVI; qu'il a été traité comme tel par toutes les personnes avec lesquelles il a été en relation, même avec celles qui appartenaient au gouvernement de la Grande-Bretagne ;

34° Qu'il était ainsi resté pendant huit ans et demi sous la protection de la loi anglaise, ne cessant de réclamer du gouvernement français l'autorisation de paraître devant la juridiction civile pour y démontrer sa filiation, devant la juridiction criminelle, si on voulait l'y appeler, pour établir que, loin de s'être livré à une manœuvre coupable en prenant la qualité de fils de Louis XVI, il n'avait fait que dire la vérité ;

35° Que, s'étant livré à des études approfondies sur l'art de la guerre et notamment sur des inventions d'artillerie, de mousqueterie et de pyrotechnie, il fut autorisé par l'administration militaire anglaise à faire des expériences plusieurs fois répétées, et qu'il a toujours, et dans chacune de ces circonstances, été traité et reconnu comme Duc de Normandie ;

36° Q'au commencement de 1845 il se mit en rapport avec le gouvernement de la République helvétique pour l'application de ses procédés et inventions, et se détermina à porter lui-même ses engins et ses modèles au lieu où ils devaient être essayés ;

37° Que, ne pouvant traverser la France qui aurait été sa route la plus courte, il dut songer à débarquer en Hollande pour, de là, gagner l'Allemagne et la Suisse ;

38° Que, voulant voyager en toute sécurité et ne faisant nul mystère de sa qualité, il se rendit auprès du consul de Hollande à Londres et lui demanda un passeport sous son son vrai nom de Charles-Louis de Bourbon ; que ce passeport lui fut ainsi délivré ;

39° Que, quelques jours après cependant, ayant consulté son gouvernement, le consul parut éprouver une hésitation et demanda que le passeport lui fût remis, pour, disait-il, y ajouter une régularisation ;

40° Qu'averti par des amis bien informés que, s'il le donnait, il pourrait ne pas lui être rendu, le père des Appelants ne répondit rien à cette ouverture et pria un colonel anglais, qui partait avec lui, de le comprendre parmi les personnes de sa suite ;

41° Qu'arrivé dans les eaux néerlandaises en vue du port de Rotterdam, sur le bateau à vapeur *le Batavier*, il fut retenu pendant quarante-huit heures sans que le navire accostât, et que, lorsque cette interdiction fut levée, un inspecteur de police lui demanda son passeport au débarquement à Rotterdam ;

42° Qu'ayant répondu à cet inspecteur qu'il n'avait pas de passeport, qu'il voyageait avec un officier supérieur anglais, l'inspecteur lui répliqua : *Vous avez un passeport* sous le nom de *Charles-Louis de Bourbon, et vous êtes le Duc de Normandie;*

43° Qu'ainsi reconnu, le père des Appelants remit son passeport à l'inspecteur qui l'envoya au directeur de la police, lequel l'envoya lui-même au ministre de l'intérieur à La Haye ;

44° Que le père des Appelants s'adressa alors à M. van Buren, avocat à Rotterdam, qui fit d'actives démarches pour obtenir la restitution du passeport ; il fut répondu à ce jurisconsulte que celui auquel il s'intéressait *était un personnage politique important ;* que le gouvernement néerlandais ne pouvait reconnaître sa qualité sans engager une question diplomatique, on le pressait vivement de renoncer à son voyage et de retourner à Londres ; on alla même jusqu'à lui offrir de payer ses frais de voyage ;

45° Que cette proposition ayant été énergiquement repoussée, le ministre de la justice, invoquant toujours des raisons politiques, consentit à se faire, près du cabinet néerlandais, l'intermédiaire d'une proposition consistant à permettre à Charles-Louis de Bourbon de rendre les ministres de la guerre et de la marine juges de ses inventions et de conclure avec lui un traité si, en effet, leur mérite était officiellement établi ;

46° Que ce mérite fut reconnu, à la suite d'explications fournies et d'expériences faites, ainsi que de conférences nombreuses avec les différents chefs de service, les officiers d'état-major, d'artillerie et de marine, lesquels, réunis à Breda avec l'inventeur, vérifièrent par eux-mêmes l'importance considérable de ses différentes inventions ;

Que de vastes ateliers furent organisés, de nombreux ouvriers furent employés, et que les ministres compétents demeurèrent convaincus de la sincérité parfaite et du génie spécial de M. de Bourbon ;

47° Qu'en même temps le gouvernement néerlandais se livrait, par tous les moyens diplomatiques dont il disposait, à une enquête minutieuse sur l'identité et la qualité de celui avec lequel il était en relation, et acquérait la preuve qu'il était bien ce qu'il annonçait être : le duc de Normandie, fils de Louis XVI ;

48° Que telle a été la conviction des hauts fonctionnaires et des chefs de corps qui n'ont cessé d'être en relation avec lui pendant toutes ces circonstances et jusqu'à son décès ;

49° Qu'à tous ces témoignages, il faut ajouter *celui qui les domine tous par son autorité officielle et sa valeur morale, la conviction de S. M. le roi de Hollande ;*

50° Que, par *ses ordres*, les traités furent préparés qui devaient assurer à la Hollande les procédés et inventions du Duc de Normandie, à celui-ci une situation pécuniaire en rapport avec son rang et avec ses services ;

51° Que, toutefois, pour ne pas soulever un débat qui présentait aux yeux de Sa Majesté de notables inconvénients, il fut convenu que le Prince prendrait seulement les noms de *Charles-Louis ;*

Que ce fut ainsi qu'on rédigea tous les contrats, ainsi que la correspondance ;

52° Que le Prince dut venir se fixer à Delft, où se trouveut les établissements pyrothechniques, les arsenaux d'artillerie et de construction ;

53° Qu'au cours de ses travaux, il fut frappé subitement d'une indisposition fort grave dans laquelle il crut reconnaître tous les symptômes d'un *empoisonnement.*

Qu'après en avoir surmonté les premières atteintes, il y succomba le 10 *août* 1845.

54° Qu'à ce moment, sa famille, qui était venue de Londres le rejoindre et lui prodiguer ses soins, reçut des personnages les plus considérables du gouvernement des témoignages de condoléance, de sympathie et d'estime ;

55° Que, lorsqu'il fallut rédiger l'acte de décès dont la teneur est rapportée sous le n° 13 de la présente articulation, le bourgmestre de Delft, avant d'y inscrire les qualités et les titres appartenant au défunt, demanda à consulter le gouvernement et à obtenir son autorisation. *Ce ne fut qu'après s'en être assuré, qu'il reçut telles qu'elles lui étaient presentées les déclarations des enfants du Duc de Normandie;*

56° Que, sur la réquisition de ces derniers, trois médecins, dont deux attachés à l'armée néerlàndaise, qui avaient été envoyés par le ministre de la guerre pour soigner le Prince avec le médecin civil, visitèrent le corps du défunt et constatèrent l'existence des signes extérieurs qui, d'après toutes les personnes qui l'ont connu, se trouvaient sur le corps du Dauphin fils de Louis XVI ;

57° Que le défunt ayant laissé des enfants mineurs, un conseil de famille fut rassemblé sous la présidence et avec le concours des magistrats, et que, dans tous ces actes ayant pour objet d'organiser et de régler la tutelle, les mineurs furent constamment reconnus comme enfants de Charles-Louis, Duc de Normandie;

58° Que cette qualité leur fut également donnée par l'administration néerlandaise dans tous les actes touchant aux règlements des droits héréditaires ;

59° Qu'au mois de juillet 1855, le colonel gouverneur de l'Académie royale pour les armées de terre et de mer de Hollande faisait connaître à Mme veuve de Bourbon que son fils, Adelberth de Bourbon. était, en vertu d'une ordonnance du ministre de la guerre du 29 juin précédent, admis à passer un examen pour être reçu élève de ladite Académie, faveur qui n'est accordée à aucun étranger ;

60° Que, précédemment et dès le mois d'octobre 1845, l'administration de la guerre et de la marine avait passé avec un autre fils du Duc de Normandie, Charles-Edouard de Bourbon, un traité pour la continuation des travaux pyrotechniques entrepris par son père ;

Que, dans ce traité, il prit, sans déguisement, son nom de Charles-Edouard de Bourbon, et que tous ceux qui étaient en relation avec lui, sans exception aucune, le considéraient et traitaient comme M. de Bourbon, fils de Charles-Louis, Duc de Normandie.

61° Que tous les membres de la famille étaient ainsi traités et considérés, et notamment le jeune Adelberth de Bourbon qui, entré dans l'armée néerlandaise, s'y était distingué par son intelligence et sa bonne conduite, et avait été jugé digne du grade d'officier, par suite de l'examen qu'il avait subi d'après la loi ;

62° Que, ne pouvant devenir officier à raison de son extranéité, il présenta, le 13 mai 1863, au ministre de la justice une requête tendant à être naturalisé citoyen et sujet néerlandais ;

63° Qu'après avoir vérifié sa situation et ses antécédents, le cabinet néerlandais présenta aux Etats-généraux un projet de loi conforme à la demande d'Adelberth de Bourbon ;

64° Que, sur l'examen de ce projet de loi, quelques membres de la 2ᵐᵉ Chambre ayant prétendu qu'Adelberth de Bourbon, né en Angleterre, devait être considéré comme Anglais et par là même incapable de recevoir le bénéfice de la naturalisation hollandaise, une consultation fut demandée à d'éminents jurisconsultes anglais qui décidèrent que, *né d'un père français, il était lui-même Français;*

65° Que le rapporteur de la Commission et le ministre de la justice émirent la même opinion et *déclarèrent qu'Adelberth de Bourbon était Français, comme son père;*

66° Qu'après une discussion dans laquelle furent examinées les objections qui pouvaient être faites à cette nationalité, le projet présenté par le gouvernement fut adopté, et Adelberth de Bourbon déclaré naturalisé citoyen hollandais;

67° Que depuis il a été nommé officier; qu'il est aujourd'hui 1er lieutenant; qu'il est traité à la cour et dans l'armée comme le fils du Duc de Normandie;

68° Et enfin, qu'avant de proposer aux États-généraux le projet de loi qui a été adopté par eux et qui tranche la question de nationalité et par conséquent d'identité du fils de Louis XVI, trop longtemps caché sous le nom de Naundorff, le cabinet néerlandais a recueilli toutes les informations nécessaires et s'est convaincu de la réalité indiscutable du fait dont il prenait la responsabilité.

Signé : DUMONT.

A cet enchaînement de faits, si irrésistiblement démonstratifs du bien-fondé des réclamations des Appelants, qu'oppose le Comte de Chambord ? *Le silence et la fusion !* Le silence, qui le condamne, car, en faisant défaut, il manifeste qu'il est impuissant à se justifier, par des raisons valables, des accusations qui ont flétri les Bourbons depuis 1814 jusqu'à ce jour, en France et à l'étranger ; la fusion, qui le rend souverainement et honteusement ridicule. Comment peut-il s'imaginer que le Comte de Paris, arrière-petit-fils du Duc d'Orléans, assassin de Louis XVI par son vote à la Convention, en le reconnaissant pour le représentant héréditaire de la monarchie traditionnelle, lui confère une légitimité qui ne lui appartient pas ? Et lui, Comte de Chambord, comment a-t-il l'inconcevable audace de créer ce Comte de Paris Dauphin de France, par conséquent successeur de l'Orphelin du Temple, son Roi légitime, que le fils d'Egalité a écrasé de sa haine et de ses dénis de justice pendant tout le cours de son règne ?

Ce sont là des scandales qui resteront à jamais le déshonneur des faux légitimistes de notre époque. Et si les menées de cette faction monarchique devaient triompher, ce serait le plus grand des désastres qui pût tomber sur la France, parce que le Comte de Chambord, imitateur de Louis XVIII, ferait asseoir avec lui sur le trône le mensonge et l'improbité, tous les malheurs inévitables d'une fausse Restauration, et qu'une nation ne peut jamais être heureuse que lorsqu'elle est gouvernée par la justice et la vérité.

Voici un fait dont la preuve authentique sera mise sous les yeux de la Cour :

Le général Comte de La Rochejaquelein fut appelé

par madame la Dauphine à son lit de mort, et la princesse lui dit d'une voix presque éteinte :

« *Général, j'ai un fait grave, très grave, à vous*
« *révéler; c'est le testament d'une mourante. Mon*
« *frère n'est pas mort; c'est le cauchemar de toute*
« *ma vie..... Promettez-moi de faire toutes les démar-*
« *ches nécessaires pour le retrouver; voyez le Saint-*
« *Père; voyez les enfants de Martin; courez par*
« *terre et par mer pour trouver encore quelques vieux*
« *serviteurs ou leurs descendants, car la France ne*
« *sera heureuse et tranquille que lorsqu'il sera sur le*
« *trône de nos pères. Jurez-moi (dit-elle en fondant*
« en larmes) *que vous ferez tout ce que je vous de-*
« *mande. Je vais mourir au moins tranquille, et il*
« *me semble que le poids que j'ai sur la poitrine est*
« *déjà moins lourd.* »

Cette suprême recommandation a été oubliée aussitôt après la mort de la princesse !...

Paris, le 4 septembre 1873.

Cte M. GRUAU DE LA BARRE.

Ces conclusions étaient sous presse, lorsque le numéro d'un journal de Paris fort répandu, en date du 3 septembre 1873, est tombé sous nos yeux.

A propos de la fusion, ce journal rapporte ce qui suit :

« D'autre part, un abonné nous envoie le portrait de Monseigneur Claude-Marie-Paul de Tharin, ancien évêque de Strasbourg, précepteur du duc de Bordeaux.

« Au-dessous, on lit ces paroles, prononcées par le vénérable prélat, en annonçant que Charles X serait expulsé de France :

« Ce n'est pas ma faute... si mon élève n'est pas l'héritier « légitime...

« Une grande malédiction pèse sur la famille (de Char- « les X), parce qu'elle règne sciemment au préjudice du fils « de Louis XVI.

« Elle est avertie de son usurpation. Louis XVIII a profité « le premier de ce bien mal acquis ; les autres ont suc- « combé, comme lui, à la tentation d'occuper le trône de « Louis XVII.

« Cette injustice retombe sur leurs têtes.

« ... J'en suis désolé pour mon petit duc de Bordeaux. »

En présence de cette déclaration du vénérable évêque de Strasbourg, nous ne pouvons nous empêcher de faire quelques réflexions sur la position respective des parties dans le procès actuel.

D'un côté, en effet, il y a la veuve et les enfants d'un homme dont la vie n'a été qu'une longue persécution et qui s'est terminée, suivant toute apparence, par un empoisonnement. Cet homme, sa veuve et ses enfants n'ont jamais varié dans leurs affirmations, ne laissant pas une seule objection sans réponse appuyée de preuves ; aussi, on n'a jamais pu les convaincre d'imposture.

D'un autre côté, c'est un Prince qui, comme ses parents, n'a jamais voulu répondre à ses adversaires, tout en sachant fort bien que Louis XVII n'était pas mort au Temple. Ses parents et lui n'ont jamais voulu dire ce qu'était devenu le Duc de Normandie, quoique, dès 1814, celui-ci n'ait cessé d'adresser directement ses réclamations à sa famille.

Pour nous, en présence du silence de M. de Chambord, de son obstination à se dérober au procès, soit devant le tribunal, soit devant la cour, notre choix n'est pas douteux : nous nous rangeons, sans hésitation, sous la bannière tricolore, avec les enfants du Prince méconnu, qui acceptent franchement les conséquences de la révolution dont leur père a failli être la victime, et qui déclarent d'ailleurs n'élever aucune prétention au trône de France, ayant dit et publié qu'ils renonçaient, à cet égard, à tous leurs droits, NON PAS, BIEN ENTENDU, EN FAVEUR DES PRÉTENDANTS, mais en faveur DE LA FRANCE SEULE, à qui appartient souverainement le droit de disposer de ses destinées.

ANDRÉ SAGNIER.

FIN

PARIS. — IMPRIMERIE NOUVELLE (ASS. OUVR.), 14, RUE DES JEUNEURS

G. MASQUIN ET Cᵉ

AF263921

LES
FÊTES CHÔMÉES

DANS LE

DIOCÈSE DE TROYES

Depuis l'origine du Christianisme, jusques en 1802

Par M. l'Abbé Ch. LALORE

Professeur de Liturgie au Grand Séminaire de Troyes.

TROYES

IMPRIMERIE ET LITHOGRAPHIE E. CAFFÉ

Rue du Temple, 27.

1869

OBSERVATIONS PRÉLIMINAIRES

—

**I.— Universalité des fêtes chômées. — II. Leur importance.
III. Leurs origines.-- IV. Leur nombre.**

I. Jamais un peuple n'a été sans culte public et le culte
public sans fêtes solennelles. On les trouve dans tous les
siècles et dans toutes les contrées, chez tous les peuples
anciens et modernes.

Toujours et partout les fêtes des peuples sont des jours
fériés et chômés; jours d'assemblées religieuses, pour le
service divin; jours de repos pendant lesquels le travail
et le négoce cessent, les tribunaux mêmes sont fermés;
jours de réjouissance pour la société, la famille et l'individu.

II. Quiconque a étudié et compris l'institution du dimanche au point de vue social en le considérant dans ses
rapports avec la morale, l'économie politique et l'hygiène,
saisit facilement l'importance des fêtes chômées et leur
influence moralisatrice sur l'individu, la famille et la so-

— 4 —

ciété (1) : les fêtes chômées n'étant qu'une extension de l'institution du dimanche, elles doivent participer à ses effets salutaires. Quel est en effet, abstraction faite des abus que l'homme introduit partout avec lui, le but primaire des fêtes chrétiennes en général, et en particulier des fêtes chômées ? Si nous parcourons les canons des conciles, les ordonnances des empereurs et des rois (2), nous voyons que les fêtes chômées ont été instituées : 1° pour honorer Dieu et les Saints ; 2° pour renouveler et conserver la mémoire des événements qui servent de base à la religion et qui fournissent des preuves sensibles de sa vérité ; 3° pour exciter en nous des sentiments de reconnaissance et de piété que la méditation attentive des principaux mystères de notre foi ou de la vie des saints inspire naturellement à un cœur chrétien ; 4° pour nous dégager de la matière et des occupations terrestres et nous disposer à la grande et universelle fête de l'Eternité.

III. Les origines des fêtes chômées, étudiées superficiellement par beaucoup d'auteurs, n'ont pas été bien comprises. Dans le principe les fêtes chômées n'ont pas été établies par les lois, mais par l'usage (3).

A la réserve des fêtes de nos mystères qui sont les plus anciennes et en très-petit nombre, toutes les autres ont été célébrées d'abord par la dévotion spontanée et libre du clergé et du peuple fidèle ; puis certaines fêtes célébrées à dévotion dans un diocèse passèrent successivement en d'autres, quelquefois s'étendirent à toute une province, à tout un royaume, et enfin à l'Eglise entière. Après avoir été célébrées à dévotion, les fêtes furent plus tard

---

(1) Perennès, *De l'Institution du Dimanche*.

(2) Pour ce qui regarde la France, les principaux décrets des conciles et les ordonnances des rois sur les fêtes chômées, ont été réunis par Laurent Bouchel, dans ses *Decreta Ecclesiæ Gallicanæ* l. iv, tit. vii.

(3) Thomassin, *Traité des fêtes de l'Eglise*, l. i, ch. xi, n° 2.

rendues obligatoires pour le diocèse, par les règlements de l'évêque, pour la province, par les conciles provinciaux ; pour le royaume, par les conciles nationaux ; pour l'Eglise entière, par les conciles généraux et par les décrets pontificaux. Cette observation repose sur deux faits : premièrement, on trouve beaucoup de règlements qui déclarent d'obligation des fêtes déjà reçues depuis longtemps ; secondement, on trouve très-peu d'ordonnances qui établissent des fêtes nouvelles.

Il faut observer aussi que les lois relatives aux fêtes chômées émanent à la fois de l'autorité ecclésiastique et de l'autorité civile. Les canons des conciles qui rendent les fêtes obligatoires et prescrivent la manière de les sanctifier, sont suivis des ordonnances des empereurs et des rois qui se portent comme protecteurs des saints canons. Qui oserait blâmer l'intervention du pouvoir civil, lorsqu'elle se renferme dans les limites tracées par la nature même des pouvoirs? Alors, elle est non-seulement licite et utile, mais elle devient parfois obligatoire, ici par exemple, puisqu'il s'agit d'appuyer des institutions non-seulement religieuses et ecclésiastiques mais éminemment sociales.

IV. Le nombre des fêtes chômées a varié dans le cours des siècles. L'historique de ces variations peut se diviser en deux périodes.

Dans l'Eglise occidentale en général et dans le diocèse de Troyes en particulier, pendant 13 siècles le nombre des fêtes chômées se multiplie ; pendant 5 siècles il va en diminuant. Dans la période d'accroissement, aux premières fêtes en l'honneur de Notre-Seigneur s'ajoutent ensuite de nouvelles fêtes ; plusieurs fêtes de la Sainte Vierge entrent successivement dans le catalogue des fêtes chômées ; les Apôtres, après avoir été honorés d'une fête collective, eurent chacun leur fête ; d'abord on trouve les fêtes solennelles de quelques *martyrs*, ensuite le nombre augmente; il faut en dire autant des fêtes solennelles des *Confesseurs;* parmi les fêtes des Anges, la seule fête de saint Michel fut d'obligation dans le diocèse de Troyes. Dans la période de réduction des fêtes chômées, il faut distinguer la réduction totale et la réduction partielle. La réduction totale atteignit : 1° les fêtes des Saints étrangers au diocèse de Troyes et qui n'étaient pas dans le calendrier romain; 2° les Saints du calendrier romain, mais qui n'étaient pas inscrits dans les catalogues généraux des fêtes chômées dressés par Grégoire IX et Urbain VIII; 3° les Apôtres eux-mêmes, les uns après les autres, à l'exception des saints Pierre et Paul, seront effacés du catalogue des fêtes chômées.

Il est à remarquer que les dernières fêtes établies chez nous, seront les premières abolies. Certaines fêtes chômées tombèrent seulement sous le coup d'une réduction partielle : ainsi quelques-unes ne restèrent d'obligation que jusqu'après l'office du matin; d'autres ne furent plus que de dévotion.

On observera que pendant plusieurs siècles le catalogue des fêtes chômées dans le diocèse de Troyes ne diffère presque pas des fêtes chômées universellement dans l'Eglise et particulièrement en Occident. Si en France, dans chaque diocèse, ou seulement dans chaque province ecclésiastique, on faisait un travail analogue au nôtre, afin d'arriver à un catalogue comparé des fêtes chômées, nous croyons que ces divers catalogues n'offriraient pas de différences notables; on retrouverait à la même époque, à peu près les mêmes fêtes et en nombre égal. Cette assertion sera justifiée en partie dans le cours de notre travail.

PREMIÈRE PARTIE

MULTIPLICATION DES FÊTES CHÔMÉES PENDANT LES TREIZE PREMIERS SIÈCLES.

§ I.

Les sept premiers siècles : I. Fêtes d'Institution apostolique. II. Constitutions apostoliques. III. l'Eglise de Troyes. IV. Constantin. V. Valentinien. VI. Conciles de France. VII. Code Visigothique.

I. Les principales fêtes de l'Eglise sont d'institution apostolique, et conséquemment elles furent chômées dès le premier siècle. Saint Augustin affirme que les fêtes de *Noël*, de la *Passion*, de la *Résurrection*, de l'*Ascension*, de la *Pentecôte* étant observées par tout l'univers, ont dû être établies par les Apôtres eux-mêmes ou par quelque concile général (1).

II. Les constitutions apostoliques dont il faut placer la

____

(1) Ep. 54, *alias* 118, n. I.

rédaction à la fin du III° siècle au plus tard, ajoutent aux fêtes déjà citées plus haut, l'*Epiphanie*, la semaine qui précède Pâques et celle qui suit, les fêtes des *Apôtres*, c'est-à-dire principalement *Saint Pierre et Saint Paul*, la fête de *Saint Etienne*, proto-martyr, et celles des martyrs ; toutes ces fêtes doivent être chômées par les fidèles et même par les esclaves (1).

Les constitutions apostoliques renferment deux désignations générales : *les fêtes des Apôtres, les fêtes des martyrs* ; dans le cours des siècles le développement du catalogue des fêtes chômées précisera le sens de ce texte ; d'abord la seule fête des Saints Apôtres Pierre et Paul sera d'obligation, puis les douze Apôtres entreront successivement dans le catalogue. Dès les premiers siècles, la fête des martyrs en général et de quelques-uns en particulier sera d'obligation, puis ces fêtes se multiplieront dans chaque diocèse.

Gilles Boucher, Ruinart et Conrad Janning (2) ont édité un calendrier romain qui remonte au IV° siècle ; on voit dans ce calendrier les fêtes des principaux martyrs de Rome. Possidonius, disciple de saint Augustin, nous a laissé le catalogue des sermons que le célèbre évêque d'Hippone prononça dans les assemblées publiques au jour des fêtes solennelles (3) ; parmi ces fêtes on trouve celles des principaux martyrs de Carthage. On peut faire la même observation sur le calendrier de Carthage édité par Mabillon (4), et qui remonte au commencement du V° siècle. Dans ces divers documents les fêtes des Saints Confesseurs ne paraissent pas encore.

---

(1) *Constitut. Apost.* l. VIII, c. XXXIII, édit. Cotelier.— J. Clericus, 1724.— Voir à la fin, *note* I.

(2) *Acta SSum* t. VII Jun. p. 185.

(3) *Op. S. Aug.*, t. XI, col. 119-128, édit. Gaume.

(4) *Analecta*, t. III.

III. D'après la pratique générale d'honorer les marty.s par une fête solennelle aux lieux célèbres par leurs souffrances, nous croyons que pendant les cinq premiers siècles, aux fêtes d'obligation générale, l'Eglise de Troyes ajouta certainement les fêtes particulières de quelques-uns de ses principaux martyrs, et on ne peut douter que Saint Savinien et Saint Parre ne fussent du nombre.

IV. On sait que l'empereur Constantin envoya à tous les gouverneurs de provinces dans l'Empire romain, des lettres par lesquelles il leur ordonna d'observer et de faire observer les dimanches, *les fêtes des Martyrs* dont plusieurs étaient déjà honorés d'un culte spécial, et en général toutes les fêtes de l'Eglise (1).

V. Dans la constitution de l'an 389, les princes Valentinien, Théodose et Arcade déclarent que les mêmes fêtes (désignées dans *les Constitutions Apostoliques)* seront des jours de vacation pour le barreau et la justice (2).

VI. Dès le commencement du VIᵉ siècle, plusieurs conciles de France rappellent les fêtes chômées auxquelles la communion est obligatoire. Le concile d'Agde, en 506, non-seulement défend le travail, mais il rend la communion obligatoire pour tous les fidèles aux fêtes de *Noël*, *Pâques*, la *Pentecôte* (3), et interdit l'assistance aux divins offices dans les oratoires privés ces jours-là; il cite deux autres fêtes d'obligation, l'*Ascension* et *Saint Jean-Baptiste*. Le concile d'Orléans, en 511, nomme aussi, parmi les jours qui doivent être fériés, les *Rogations* précédant la

---

(1). *Vita Constant.* L. IV. c. XVIII, XXII, XXIII.
(2) *Cod.* l. III, tit. XII *de feriis.* — L. VII. — *Cod. Théod.* l. II, tit. VIII, c. II.
(3) Can. XVIII et Can. XXI.

grande fête de l'Ascension (1). Le concile de Tours, en 567, fait mention des fêtes de la *Circoncision*, de la *Chaire de Saint Pierre* en février ; de *Saint-Martin* (2). Dès cette époque, chaque diocèse, outre les fêtes chômées d'obligation générale et quelques fêtes particulières des martyrs qui lui étaient propres, honorait déjà depuis longtemps d'un culte public les Saints Confesseurs. Saint Nizier de Trèves, dans sa lettre à la reine Clodosinde, vers l'an 560, cite plusieurs Confesseurs dont la mémoire était en haute vénération à cause des miracles qui se faisaient à leur tombeau comme à celui de Saint Martin au jour de sa fête. Il cite aussi Saint Médard, de Soissons ; Saint Remy, de Rheims ; Saint Hilaire, de Poitiers ; Saint Loup, de Troyes ; Saint Germain, d'Auxerre (3). Le savant Mone, préfet des archives du grand duc de Bade, a retrouvé une messe de Saint Germain d'Auxerre, écrite vers la fin du Ve siècle (4). Un peu plus tard, Saint Grégoire de Tours, dans son livre *De gloriâ Confessorum*, complète le catalogue des saints particulièrement honorés en France, d'un culte à peu près général.

Jusque vers la fin du XIe siècle, parmi les Saints Confesseurs de notre diocèse, *Saint Loup*, mort en 479, fut très-probablement le seul honoré par une fête d'obligation.

VII. La loi de Recesvinde (653-672), et la loi d'Ervige (680-687), dans le code Visigothique, donnent le catalogue des fêtes chômées inscrit dans le code Théodosien, et en plus les fêtes de l'*Annonciation*, de la *Circoncision*, et de l'*Invention de la Sainte-Croix* (5).

---

(1) Can. XXV.

(2) Can. XVII et seq.

(3) Migne Patrol. lat. t. LXVIII, col. 877.

(4) Ibid. T. CXXXVIII, col. 881.

(5) L. II, c. XI. — L. XII, c. VI. La fête de l'Annonciation se confond avec la Conception de J.-C. Baluze, not. ad *Capitularia*, t. II, col. 1172.

Le nombre des fêtes chômées n'augmente guère jusqu'au commencement du VIIIe siècle.

§ II.

**Du milieu du VIIIe siècle à la fin du XIe : I. Capitulaires. II. Canon
du Concile de Mayence. III. Calendrier troyen de l'an 1060.**

I. Dans la règle de Chrodegand, de Metz (1), qui fut adop-
tée par tous les chapitres et chanoines sous les règnes de
Pépin et de Charlemagne, le catalogue des fêtes chômées
est un peu plus complet. Ce nouveau catalogue fut intimé
solennellement aux Gaules par un capitulaire de Charlemagne. Il faut bien comprendre, en matière de fêtes, l'autorité des capitulaires et la nature des assemblées qui les
rédigeaient : Les évêques étaient les principaux conseil-
lers de Charlemagne et de ses successeurs ; c'était eux
qui siégeaient en plus grand nombre dans les assemblées
générales ; c'était eux seuls qui traitaient les affaires pu-
rement religieuses. D'ailleurs, une foule d'articles des capitulaires ne sont que des extraits des actes des conciles
et de toute la législation canonique, rien de plus. En retour, les assemblées dont nous parlons ont été regardées,

(1) C. L. **XXIV.**

en général, comme des conciles, et leurs lois ont passé dans le recueil des canons (1).

On trouve dans le capitulaire en question six nouvelles fêtes d'obligation qui se sont introduites dans le cours des siècles précédents : *Saint Jean l'Evangéliste, les Saints Innocents, l'Octave du Seigneur,* qui n'est autre que la Circoncision, *l'Octave de l'Epiphanie,* la *Purification, Saint Laurent.* L'assemblée déclare qu'elle consultera pour décider si la fête de l'Assomption doit être obligatoire (2). Ce capitulaire ayant été renouvelé peu de temps après, la fête de l'*Assomption* est marquée comme obligatoire (3).

II. En 813, le concile de Mayence sanctionne et complète le catalogue des fêtes d'obligation pour les Gaules (4). La *Dédicace* des Eglises apparaît parmi les fêtes solennelles ; la fête de *Saint Remy* et la fête de *Saint Michel* étaient devenues générales dans l'empire de Charlemagne. Il faut joindre à ces fêtes générales les fêtes particulières des Martyrs et des Confesseurs pour chaque église qui possède des reliques insignes de ces Martyrs et de ces Confesseurs. Ces dernières paroles du canon vont amener dans chaque diocèse, ou plutôt, supposent déjà l'institution d'un grand nombre de fêtes locales chômées.

Le décret du concile de Mayence fut promulgué selon la coutume dans un grand nombre de conciles provin-

---

(1) *De ordine Palatii,* traité d'Adalhard, cousin germain de Charlemagne, conservé en partie par Hincmar. Op. t. II, p. 201-215. — Cfr. Guizot, *Histoire de la Civilisat.* en France, t. II, p. 152 et suiv.

(2) Hæ sunt festivitates in anno quæ per omnia venerari debent : Natalis Domini, Sancti Stephani, Sancti Joannis evangelistæ, Innocentium, Octabas Domini, Epiphania, Octabas Epiphaniæ, Purificatio Sanctæ Mariæ, Pascha dies octo, Litania major, Ascensio Domini, Pentecosten, Sancti Joannis Baptistæ, Sancti Petri et Pauli, Sancti Martini, Sancti Andreæ. De Assumptione Sanctæ Mariæ interrogandum relinquimus. Capitul. l. I, c. CLVIII. Baluze, t. I, col. 372, not. t. II, col. 1171.

(3) Ibid. l. VI, c. CLXXXIX, ibid, t. I, col. 955.

(4) Can. 36. Festos dies in anno celebrare sancimus. Hoc est diem dominicum Paschæ, cum omni honore et sobrietate venerari, simili modo totam heb-

ciaux et dans les synodes diocésains tenus peu après dans les Gaules : les statuts d'Hérard de Tours, en 858 (1), de Gauthier d'Orléans, en 868 (2), nous ont été conservés ; et on retrouve en plus, dans ces capitulaires, les fêtes de la *Toussaint* et de la *Nativité* de la Sainte Vierge. Le règlement de l'an 813 fut inséré dans toutes les collections de canons qui étaient l'expression du droit ecclésiastique au Xe et au XIe siècle. Il est rapporté textuellement par Réginon, abbé de Prum, mort en 915 (3), par Burchard, qui écrivit ses *Décrets* entre 1012 et 1023 (4), par Ives de Chartres, dans la seconde moitié du XIe siècle (5).

III. A cette époque, quelles fêtes de Saints propres au diocèse de Troyes faut-il ajouter au catalogue des fêtes d'obligation générale en France? Il existe à la Bibliothèque impériale un calendrier troyen, manuscrit, de l'an 1060 (6). Or, dans ce calendrier nous ne trouvons que neuf de nos principaux saints : *Saint Frobert, Saint Parre, Saint Savinien, Sainte Savine, Saint Aventin, Saint Victor, Saint Phal, Saint Lyé, Saint Loup.* Cependant, toutes les

---

domadam illam observari decrevimus. Diem Ascensionis Domini pleniter celebrare. Item Pentecostem similiter ut in Pascha. In natali Apostolorum Petri et Pauli diem unum, Nativitatem Sancti Joannis Baptistæ, Assumptionem Sanctæ Mariæ, Dedicationem Sancti Michaelis, Natalem Sancti Remigii, Sancti Martini, Sancti Andreæ. In Natali Domini dies quatuor, Octavas Domini, Epiphaniam Domini, Purificationem Sanctæ Mariæ. Et illas festivitates Martyrum vel Confessorum observare decrevimus, quorum in unâquâque parochiâ sancta corpora requiescunt, similiter etiam Dedicationem templi. Sirmond *Conc. Ant. Galliæ* t. II, p. 288.

(1) Can. LXI. Sirmond *Conc. ant. Galliæ*, t. II, p. 218.— Baluze, *Capitul.*, t. II, col. 1292.

(2) Sirmond, *Conc. ant. Galliæ supplem.*, p. 184, Can. XVIII.

(3). Migne, *Patrol. lat.* t. CXXXII *De Eccles. discipl.* l. I, C. CCCLXXVII et seq. col. 265.

(4) L. II, C. LXXVII. On remarquera que le prétendu concile de Lyon, cité par Burchard, Ives et Gratien, n'est autre que le décret du concile de Mayence, publié dans l'archevêché de Lyon.

(5) Part. IV, C. XIV.

(6) Latin, 818.

fêtes de ces saints n'étaient pas d'obligation, comme nous allons le voir.

---

§ III.

De la fin du XI⁰ siècle au milieu du XIII⁰ : — I. Catalogue tiré d'un Bréviaire troyen écrit vers l'an 1100. — II. Le Canon du Decretum avant l'an 1150. — III. La Décrétale de Grégoire IX, en 1232. — IV. Catalogue tiré d'un Bréviaire troyen écrit vers 1239.

I. De la fin du XI⁰ siècle au milieu du XIII⁰, époque la plus florissante des institutions ecclésiastiques et monastiques au moyen-âge, le catalogue des fêtes chômées atteint chez nous, comme partout en France, un développement qui paraîtra excessif et commencera à provoquer des réclamations, à la fin du XIII⁰ siècle.

Nous donnons ici le catalogue des fêtes solennelles à neuf leçons, c'est-à-dire des fêtes chômées, tiré d'un Bréviaire de Troyes, écrit vers l'an 1100 (1). Ce précieux manuscrit est un Bréviaire *totum* ou plenier, noté.

Noël.	Octave du Seigneur (Circoncision).
Saint Etienne.	
Saint Jean.	Epiphanie du Seigneur.
Saints Innocents.	Saint Sébastien.
Saint Sylvestre.	Sainte Agnès.

---

(1) Bibliot. Troyes, n° 571.

Saint Vincent.
Saint Savinien.
Conversion de saint Paul.
Naissance de sainte Savine, vierge.
Purification.
Sainte Agathe.
Chaire de saint Pierre d'Antioche.
Saint Grégoire.
Saint Benoît.
Annonciation.
Jeudi
Vendredi } de la semaine sainte.
Samedi
Pâques et toute la semaine.
Saint Georges.
Saint Marc.
Saint Philippe et saint Jacques.
Invention de la ste Croix.
Dédicace de l'Eglise.
Rogations, les trois jours.
Ascension.
Veille de la Pentecôte.
Pentecôte et les deux jours suivants.

Trinité.
Nativité de saint Jean-Baptiste.
Saint Pierre.
Sainte Marie-Madeleine.
Saint Loup.
Saint Pierre-ès-Liens.
Invention de saint Etienne.
Saint Laurent.
Assomption.
Saint Barthélemy.
Nativité de la sainte Vierge.
Exaltation de la ste Croix.
Saint Mathieu.
Saint Maurice.
Saint Michel.
Saint Jérôme.
Saint Denys.
Saint Simon et saint Jude.
Toussaint.
Saint Martin.
Sainte Cécile.
Saint Clément.
Saint André.
Sainte Catherine.
Saint Nicolas.
Sainte Lucie.

On remarquera que la fête de saint Parre ne figure plus parmi les fêtes solennelles et chômées ; cette diminution du culte de notre saint doit être attribuée à ce que ses reliques furent transférées à Cologne, l'an 960 (1). Ce cata-

____

(1) Vita S. Brunonis, *Acta Sanctorum.* Bolland., t. V Oct., p 705-788.

logue renferme 64 fêtes d'obligation tombant en semaine. La semaine qui précède Pâques et celle qui suit la Pentecôte, qui étaient entièrement chômées, ne le sont plus qu'en partie. La *Dédicace* de l'Eglise de Troyes figure parmi les fêtes d'obligation pour tout le diocèse ; elle manquera dans tous nos calendriers à partir de la reconstruction de la cathédrale sous Hervée, au commencement du XIIIe siècle jusqu'en 1430, époque à laquelle fut consacrée notre nouvelle cathédrale.

A part les fêtes propres au diocèse de Troyes, on trouve à peu près les mêmes fêtes d'obligation dans tous les diocèses de France et dans toute l'Eglise occidentale, dès le commencement du XIIe siècle.

II. En effet, la discipline générale alors en vigueur est constatée par le *Decretum* de Gratien. Or, ce document ajoute au règlement de Mayence, outre les fêtes de la *Toussaint* et de la *Nativité de la B. V. Marie*, déjà citées, les fêtes des *Saints Innocents*, de *Saint Sylvestre*, des *Douze Apôtres*, et les fêtes particulières que les évêques célèbrent avec le clergé et le peuple dans leurs diocèses (1). Pendant plus de cent ans ce canon du *Decretum* sera regardé comme le règlement officiel des fêtes généralement chômées.

A cette même époque, le développement des fêtes chômées en Orient a lieu dans la même proportion. On s'en convaincra facilement en lisant la constitution de l'empereur Manuel Comnène, rapportée par Théodore Balsamon dans son commentaire sur le *Nomocanon* de Photius (2).

III. En 1232, le pape Grégoire IX fit un nouveau catalogue des fêtes solennelles de l'Eglise (3). Le règlement de

---

(1) *Decretum* dist. III, c. I. Voir à la fin, *Note II*.
(2) Titul. VII, c. I. Migne, *Patrol. Græca*, t. CIV, col. 1067.
(3) *Decretal.*, l. II, tit. IX. De feriis, c. V. Voir à la fin *Note III*.

Grégoire IX est le dernier règlement officiel des fêtes généralement chômées, qui sera dressé au moyen-âge ; en 1599, Clément VIII rappellera au cardinal d'Ossat la décrétale de Grégoire IX, et le célèbre décret d'Urbain VIII, en 1642, ne fera que la remettre en vigueur.

Elle renferme trois articles : 1° Parmi les fêtes d'obligation générale pour l'Eglise, outre les dimanches, nous trouvons 12 fêtes citées nommément ; puis Grégoire IX désigne en général les *fêtes de la Sainte Vierge* et les *fêtes des Apôtres* (il cite en particulier celle des saints apôtres Pierre et Paul) ; enfin, tous les jours de la semaine qui précède Pâques, tous les jours de la semaine qui suit et deux jours après la Pentecôte. 2° A ce règlement général, Grégoire IX ajoute les fêtes que dans chaque diocèse les évêques, avec le clergé et le peuple, *jugeront à propos* de solemniser. 3° Le règlement de Grégoire IX reconnait deux exceptions à la loi : la nécessité et les motifs de religion.

On remarquera chez nous, au XIII° siècle, comme dans les autres églises, que les articles généraux du canon de Mayence et de la décrétale de Grégoire IX sur les fêtes chômées, furent largement interprétés, et que le culte de la Sainte Vierge, des Apôtres, et des Saints particuliers de chaque pays, prit la plus ample expansion.

IV. Au XIII° siècle, dans le calendrier des fêtes solennelles et chômées qui se trouve en tète d'un Bréviaire de Troyes, écrit vers l'an 1239 (1), nous trouvons 15 nouvelles fêtes d'obligation : l'*Octave de l'Epiphanie, Saint Sulpice,* la *Chaire de Saint Pierre de Rome,* l'*Octave de la Purification, Saint Mathias,* apôtre ; *Sainte Hélène, Sainte Mathie, Saint Barnabé,* apôtre ; *Saint Jean* et *Saint Paul,* la *Commémoration de Saint Paul, Saint Jacques,* apôtre ; l'*Arrivée*

---

(1) Bibliot. de Troyes, n° 1146.

de la Sainte Couronne à Troyes, la *Décollation de Saint Jean-Baptiste, Saint Remy, Saint Luc,* évangéliste. C'étaient en tout soixante-dix-neuf fêtes d'obligation, outre les dimanches.

Notre catalogue des fêtes chômées dans le diocèse de Troyes, au XIIIe siècle, est conforme à celui qui fut dressé par le cardinal Gallon, légat en France, sous Philippe-Auguste (1); à celui du cardinal Romain de Saint-Ange, légat du Saint-Siége, promulgué au concile de Toulouse, en 1219 (2); et enfin, à celui qui fut donné en 1232, par le pape Grégoire IX.

____

(1) Bouchel, *Decreta Eccles. Gallic.*, l. IV, titul. VII, c. XIII, p. 578. — Nous n'osons affirmer qu'il faille s'en rapporter d'une manière absolue à ce document.

(2) Martène, *Veter. Script.*, t. VII, p. 105. — Mansi, *Conc. supplem.*, t. II, col. 870.

SECONDE PARTIE

RÉDUCTION DES FÊTES CHÔMÉES, A PARTIR DU XIVᵉ SIÈCLE.

§ I.

De la fin du XIIIᵉ siècle à la fin du XIVᵉ : — Deux Calendriers du XIVᵉ siècle et le Règlement de Jean VI de Bracque, évêque de Troyes, 1374.

Sur la fin du XIIIᵉ siècle, les évêques s'occupent de tous côtés à réduire le nombre des fêtes chômées. Humbert des Romains, cinquième général des Dominicains, marqua ce point de réforme, lorsqu'il rédigea le projet des matières à traiter au deuxième concile général de Lyon, en 1274 (1). Il suffit de jeter un coup-d'œil sur les conciles tenus à la fin du XIIIᵉ siècle et au commencement du XIVᵉ, pour se convaincre que dans beaucoup de diocèses le nombre des fêtes chômées commence à diminuer (2). Non-seulement plusieurs fêtes sont totalement abolies, mais celles qui restent sont divisées, comme chez nous,

(1) Mansi, *Conc. supplem.*, t. III, col. 26.
(2) Labbe, *Conc.*, t. XI, col. 1288 et passim.

en deux catégories : 1° les fêtes d'obligation pour tous, même pour la campagne, *festivitates observandæ ab agricultura* ; 2° les fêtes d'obligation pour les villes, mais non obligatoires pour la campagne, *festa quæ ab agricultura non servantur.*

Les deux raisons alléguées pendant cinq cents ans par nos évêques et les conciles provinciaux de l'Occident, pour la réduction des fêtes chômées seront : les besoins des classes pauvres, et l'honneur de la religion compromis par les abus qui accompagnaient les fêtes chômées; Grégoire IX, à la fin de son règlement, avait prévu ces deux cas, *necessitas et pietas.*

Au XIV⁰ siècle, notre catalogue des fêtes d'obligation est beaucoup réduit. Nous citerons seulement trois documents : la nomenclature des fêtes solennelles indiquées en lettres rouges dans les calendriers d'un Bréviaire manuscrit (1), et d'un Missel manuscrit du XIV⁰ siècle (2); calendriers qui s'accordent avec la liste des fêtes chômées insérée plus tard dans les statuts synodaux publiés en 1374, par Jean VI de Bracque, évêque de Troyes. Ce dernier document se trouve à la Bibliothèque Impériale (3), à la Bibliothèque de Troyes (4) et aux Archives de l'Aube (5).

Tels sont, d'après ces documents, les jours fériés divisés en deux classes :

I. *Fêtes qui sont d'obligation, même pour l'agriculture.*

Circoncision.	Saint Savinien.
Epiphanie.	Conversion de Saint Paul.

---

(1) Biblioth. de Troyes, n. 1147.
(2) Ibid.   ibid.   n. 1117.
(3) Lat., 3468, XV⁰ s., fol. 139-282.
(4) Manuscrit 786, XV⁰ s., fol. 1-75.
(5) G. 28.

Purification.

Chaire de Saint Pierre.

Saint Philippe et Saint Jacques.

Saint Mathias.

Annonciation.

Résurrection (avec les deux jours suivants).

Saint Marc, évangéliste.

Invention de la Sainte Croix.

Sainte Hélène.

Saint Jean devant la Porte-Latine.

Saint Mathieu.

Ascension.

Pentecôte (avec les deux jours suivants).

Fête du Saint Sacrement.

Saint Barnabé.

Nativité de Saint Jean-Baptiste.

Saint Pierre et Saint Paul.

Sainte Marie-Madeleine.

Saint Jacques.

Saint Loup de Troyes.

Saint Pierre-ès-Liens.

Saint Laurent.

Assomption.

Saint Barthélemy.

Décollation de Saint Jean-Baptiste.

Nativité de la B. V. Marie.

Exaltation de la Sainte Croix.

Saint Mathieu.

Saint Michel.

Saint Luc.

Saint Simon et Saint Jude.

Toussaint.

Commémoraison des défunts.

Saint Martin.

Saint André.

Saint Nicolas.

Conception.

Saint Thomas.

Noël (avec les trois jours suivants).

II. *Fêtes qui ne sont pas d'obligation pour l'Agriculture.*

Saint Remy et Saint Hilaire (Octave de l'Epiphanie).

Saint Sulpice.

Saint Vincent.

Invention de Saint Etienne.

Saint Denis.

Saint Fabien et Saint Sébastien (1).

(1) Bibliot. de Troyes, manuscrit 736, fol. LXI v°.

Il ne reste plus que 54 fêtes d'obligation tombant en semaine, dont 6 ne sont pas obligatoires pour la campagne. Quatre nouvelles fêtes d'obligation sont établies : sur la fin du XIIIe siècle, la fête de *Saint Thomas de Cantorbéry*, la fête du *Saint Sacrement ;* au commencement du XIVe siècle, la *Conception* et celle des *Morts ;* une fête ancienne est rétablie, celle de *Saint Denis*, mais elle reste à dévotion pour la campagne. 30 jours fériés ont disparu : la *Chaire de Saint Pierre de Rome, Sainte Agnès, Sainte Savine, Sainte Agathe*, l'*Octave de la Purification, Saint Grégoire, Saint Benoit*, les trois derniers jours de la Semaine sainte, les quatre derniers jours de la semaine de Pâques, *Saint Georges*, les trois jours des *Rogations*, la *Vigile de la Pentecôte, Saint Jean* et *Saint Paul*, l'*Arrivée de la Sainte Couronne*, l'*Invention de Saint Etienne, Saint Maurice, Saint Jérôme, Sainte Cécile, Saint Remy, Saint Clément, Sainte Catherine, Sainte Lucie, Saint Sylvestre*.

------

§ II.

De la fin du XIVe siècle au milieu du XVIIe : — I. Règlement de Jacques Raguier, évêque de Troyes, 1501. — II. Règlement de Odoard Hennequin, évêque de Troyes, 1530. — III. Règlement de Claude de Beaufremont, évêque de Troyes, 1566. — IV. Règlement de François Malier, évêque de Troyes, 1640.

I. Pendant près de 300 ans, de 1374 à 1660, le mouvement dans la réduction des fêtes chômées fera peu de progrès. Une seule fête est rétablie dans le cours du

XVe siècle, la fête de la *Dédicace* de la cathédrale en mémoire de la consécration de cette église, faite le 9 juillet 1430; mais la fête fut fixée au dimanche après l'octave des SS. Apôtres Pierre et Paul. Le catalogue des fêtes chômées ayant été publié de nouveau en 1501, dans les statuts synodaux de Jacques Raguier (1), on trouve, comme dans le catalogue de 1374, 54 fêtes chômées tombant en semaine. La fête de *Saint Nicolas* est abolie en 1501, mais elle est remplacée par celle des *Saints Loup et Gilles*.

II. Le réformateur Luther venait de paraître; sous prétexte d'extirper les abus qui s'étaient glissés dans les fêtes chômées, il supprimait toutes les fêtes elles-mêmes. Les évêques, souvent réunis en conciles, dans le cours du XVIe siècle, procèdent avec plus de sagesse; ils décrètent la réduction des fêtes chômées, pour les diocèses où elle n'était pas déjà faite. Le cardinal Laurent Campeggi, légat à *latere*, promulgue, en 1524, pour l'Allemagne, un décret de réduction (2) : c'était sans doute pour condescendre aux réclamations des princes allemands, qui, dans leur requête à Charles-Quint, désignent le grand nombre de fêtes chômées parmi les *centum gravamina*. Les statuts synodaux d'Etienne Poncher, archevêque de Sens, la même année, 1524 (3); et le concile de Bourges, en 1528 (4), réduisent le nombre des fêtes chômées. Dans le diocèse de Troyes, on s'en tint à la réduction opérée au XIVe siècle. Le catalogue des fêtes chômées publié dans les statuts synodaux d'Odoard Hennequin, en 1530, ne diffère presque pas du catalogue de 1501 : on y trouve 52 fêtes d'obli-

---

(1) Fol. XXX v^e.
(2) Labbe, *Conc.*, t. XIV, col. 420.
(3) Bouchel, *Decreta Eccles. Gallic.*, p. 584.
(4) Labbe, *Conc.*, t. XIV, col.

gation, dont six ne sont pas obligatoires pour la campagne ; deux fêtes d'obligation en 1501, sont retranchées : l'*Invention de la Sainte Croix* et la fête de *Saint Jean devant la Porte-Latine* ; les deux fêtes des *Saints Fabien-Sébastien* et de *Saint Denys*, qui n'étaient pas obligatoires pour la campagne, deviennent d'obligation pour tous les fidèles ; la *Chaire de Saint Pierre*, et la *Décollation de Saint Jean-Baptiste*, passent au rang des fêtes non obligatoires pour la campagne.

Nos 52 fêtes chômées sont aussi marquées en lettres rouges dans *Le Grand Kalendrier et Compost des Bergiers avecq leur astrologie*, imprimé à Troyes, en 1529 (1).

III. Claude de Beaufremont, évêque de Troyes, publia, en 1566, une ordonnance relative à la translation de certaines fêtes, mais cette ordonnance ne regardait que la ville de Troyes : « De par Révérend Père en Dieu messire Claude de Beaufremont et par l'avis des chanoines de l'Eglise a été ordonné que les fêtes qui échéront cy après, le jour de samedi qui est le jour de marché ordinaire de cette ville de Troyes, hormis les fêtes de Notre-Dame et des Apôtres, à ce que les habitans de la dite ville ayant plus de moyen de les sanctifier et n'être diverty, les services de Dieu seront transférés, ès paroisses et Eglises de cette ville seulement, au dimanche ou lundy suivant et spécialement celle de *Monsieur Saint Paul* prochain sera remise au dit jour de dimanche, encore que le service se fera ès dites Eglises le dit jour de samedy qui échéront. Fait et ordonné au dit Troyes, le 22ᵉ jour de décembre 1566, signé Cruchot, par le commandement de Mgr l'Evêque de Troyes, publié aux prônes des églises paroissiales du dyt

---

(1) Chez Nicolas le Rouge.

Troyes le dimanche 20 janvier 1567, suivant l'édit du Roy » (1).

Cependant, les populations en France, celles des campagnes en particulier, réclamaient à grands cris la réduction des fêtes chômées.

Le 1er janvier 1599, le cardinal d'Ossat, au nom du roi Henri IV, exposait au pape Clément VIII une requête à ce sujet. Dans sa lettre du 19 janvier, le cardinal rend ainsi compte au roi de sa mission : il exposa par écrit « comme pour la longueur et violence des guerres passées tant civiles qu'estrangères, le peuple de France, et principalement des champs, et des bourgs et villages, estoit tellement diminué, que ceux qui restoient ne suffisoient point à labourer et cultiver la terre, et mesmement à cause d'un très-grand nombre de festes, qui se faisaient par tout le royaume, outre celles de Nostre-Seigneur, de Nostre-Dame, des Apostres et d'autres saincts principaux; de sorte que demeurant en frische une grande partie des terres, il s'en ensuivoit grande disette et cherté par tout le royaume de laquelle se ressentoient et patissoient grandement tous les François de quelque estat et condition qu'ils fussent.... »

Le cardinal dit que le roi priait sa Sainteté « qu'il luy pleust permettre, *au moins pour quelques années*, au peuple de la campagne de s'occuper des travaux de l'agriculture la plupart des jours de fêtes chômées, à l'exception des fêtes désignées plus haut.

« Sa Saincteté me respondit, ajoute le cardinal, que la chose en soy ne luy desplaisait point pourveu que la nécessité fut telle que je luy venais de dire et que tout se fist

---

(1) Extrait des Registres des Mandements du Roi, de l'Hôtel-de-Ville de Troyes, qui commencent en 1562. — Ap. Morel, manuscrit 275 *bis* de la Bibliot. de Troyes, p. 218, art. IV.

à bonne fin et non pour abolir les festes peu à peu... »
Huit jours plus tard, le Pape après avoir lu le mémoire du
cardinal, lui dit : « qu'il n'était vraisemblable que tous les
endroits de la France eussent également pasty, et eussent
eu besoin d'un pareil remède.

» Que chaque évesque pourroit mieux connaistre l'estat
de son diocèse, et si, et pour combien de temps on y aurait besoin de telle dispense.

» Qu'outre cette considération, il y avoit encores des
saincts, auxquels jaçoit qu'ils ne fussent si célébres
comme d'autres, ce néantmoins en certains lieux pour des
occasions particulières le peuple y avoit plus de dévotion
qu'à d'autres plus grands ; et pour cela il ne pourroit dire
qu'un tel sainct fut festé, et qu'un tel ne le fut point.

» Qu'aussi falloit-il qu'il allast plus retenu en telles
choses, d'autant qu'une des hérésies qui courent pour le
jourd'huy, est touchant les festes.

» Que les canons et mêmes les lois civiles, avaient
pourveu à telles choses, et particulièrement aux œuvres
rustiques et labeur de la terre, pour lesquelles votre
Majesté faisoit cette instance.

» Sa Saincteté persista en la dite réponse » (1).

On voit que Clément VIII maintient le règlement de
Grégoire IX inséré dans les *Décrétales.*

IV. Dans la première moitié du XVII⁰ siècle, la question
de la réduction des fêtes continue à s'agiter. Enfin, les
archevêques et les évêques de différentes contrées s'adressent à Urbain VIII, et renouvellent la demande faite
par Henri IV. Ils exposent d'un côté les abus qui se sont
glissés dans le chômage des fêtes; d'un autre côté, les
plaintes des pauvres sur le nombre excessif des fêtes, à

---

(1) *Lettres du cardinal d'Ossat,* l. V, let. CLXXI, édit. 1641.

cause de la difficulté qu'ils ont à gagner leur vie. Un grand nombre de laboureurs et d'artisans, en France, murmuraient, répétant avec le *Savetier* de La Fontaine :

> Le mal est que dans l'an s'entremêlent des jours
> Qu'il faut chômer; on nous ruine en fêtes :
> L'une fait tort à l'autre, et Monsieur le curé
> De quelque nouveau saint charge toujours son prône (1).

Dans le diocèse de Troyes, François Malier, publie un nouveau catalogue des fêtes chômées, le 7 juin 1640.

Il semble que l'Evêque de Troyes ait voulu réagir contre la tendance qui menaçait partout de supprimer les fêtes chômées. Dans le catalogue de 1640, on trouve 51 fêtes d'obligation (2). Quatre du nombre de celles qui n'étaient pas obligatoires pour la campagne, ont été retranchées : les fêtes des *Saints Remy* et *Hilaire*, de *Saint Sulpice*, de *Saint Vincent*, des *Saints Loup* et *Gilles;* mais trois nouvelles avaient été établies, celle de *Saint Louis*, roi de France (3), la troisième fête après Pâques, et la troisième fête après la Pentecôte. Parmi les 51 fêtes d'obligation, on remarque : 1° Quatre fêtes anciennes rétablies : la *Chaire de Saint Pierre*, l'*Exaltation de la Sainte Croix*, la *Décollation de Saint Jean-Baptiste*, *Saint Nicolas;* 2° trois fêtes n'obligent que jusqu'à midi, pour la campagne : la *Chaire de Saint Pierre*, *Saint Pierre-ès-Liens*, *Saint Denys;* 3° l'*Octave du Saint Sacrement* est obligatoire jusqu'à midi, pour tout le monde; 4° le *Mercredi des Cendres*, les *Jeudi, Vendredi* et *Samedi Saints* sont fériés jusqu'après l'office du matin. Huit fêtes de dévotion sont établies : la *Visitation de la Sainte Vierge*,

---

(1) *Le Savetier et le Financier,* liv. VIII, fable II.

(2) Nous ferons remarquer une fois pour toutes, que dans les catalogues des Fêtes mobiles, les deux jours chômés qui suivent, Pâques et la Pentecôte, ne sont pas marquées, et on en voit la raison.

(3) L'*Assemblée du Clergé*, de 1619, avait adressé une lettre à tous les évêques, pour les exhorter à solenniser dans leurs diocèses la fête de Saint Louis, roi de France. (*Procès-Verbaux*, t. II, col. 841.)

Sainte Anne, Saint Roch, Saint François, la *Présentation, Sainte Catherine,* les *Mercredis* de la semaine de Pâques et de la semaine de la Pentecôte.

Le nombre des fêtes chômées allait être réglé pour l'Eglise entière. En 1642, Urbain VIII, pour répondre aux instances qui lui avaient été faites par les évêques, édicta une ordonnance pour la réduction des fêtes chômées (1). Le Pape déclare : 1° que les fêtes nommément exprimées dans la décrétale de Grégoire IX, sont d'obligation ; 2° que les fêtes de la Sainte Vierge, désignées comme d'obligation en termes généraux, sont les quatre fêtes : de la *Purification,* de l'*Annonciation,* de l'*Assomption* et de la *Nativité ;* 3° il faut ajouter : la fête du *Saint Sacrement,* le jeudi après l'octave de la Pentecôte, comme il est porté dans la *Clémentine, Si Dominum* (2) ; la fête de l'*Invention de la Sainte Croix,* désignée dans le *Décret* (3) ; la fête de *Saint Joseph* et la fête de *Sainte Anne ;* 4° on doit encore solemniser la fête d'un seul patron principal dans chaque royaume, dans chaque province, dans chaque ville et même dans chaque village, si c'est l'usage. Outre les dimanches et les fêtes tombant le dimanche, 33 jours fériés sont désignés. Ce sont là les seules fêtes d'obligation, d'après la bulle d'Urbain VIII. La réduction tomba donc principalement sur les fêtes particulières des provinces, des diocèses et des paroisses, à qui il ne laissa qu'une fête de patron. Enfin, le Pape en terminant, pour empêcher qu'à l'avenir les fêtes ne se multiplient encore à l'excès, conjure les évêques de n'en plus instituer de nouvelles, mais de s'attacher à l'uniformité de la discipline générale. Qui oserait contester la force obligatoire de ce règlement ?

---

(1) Bullar., t. V, Constit., 291. — Apud Gardellini, *Decreta auth.*, S. C. R. n. 1411. — Voir à la fin, *Note IV.*

(2) L. III, tit. XVI *de Reliquiis.*

(3) III° part. *de Consecrat.* dist. III. c. XIX.

surtout si l'on considère que les archevêques, les évêques et les rois ont prié le Pape de le faire.

A l'occasion de ce règlement, Benoît XIV fait plusieurs observations : 1° le Saint-Siége a élevé depuis, au degré de fête d'obligation, la fête d'un patron secondaire ; 2° le Saint-Siége a établi des fêtes particulières d'obligation, en plusieurs lieux ; 3° les évêques dans leurs diocèses peuvent, avec le consentement du clergé et du peuple, établir des fêtes d'obligation, mais il n'est pas expédient de le faire ; 4° après le décret d'Urbain VIII, Clément XI rendit obligatoire, pour toute l'Eglise, la fête de la Conception de la Sainte Vierge (1).

§ III.

Du milieu du XVIIᵉ siècle à 1802 : I. Règlement de François Malier, en 1660. — II. Règlement de Denys François Iᵉʳ, Bouthillier de Chavigny, évêque de Troyes, 1688. — III. Règlement de Denys François II, Bouthillier de Chavigny, évêque de Troyes, 1706. — IV. Règlement de Jacques-Bénigne Bossuet, évêque de Troyes, 1740. — V. Règlement de Claude-Mathias-Joseph de Barral, évêque de Troyes, 1763. — VI. Règlement du Cardinal Caprara, 1802.

I. Sous l'influence du décret d'Urbain VIII, François Malier publia, en tête de son rituel, en 1660, un calendrier avec un nouveau catalogue des fêtes chômées.

---

(1) Ben. XIV, *de Canonis. SS.*, l. IV, part. II, c. XV, n. 7-14.

Il renferme 41 fêtes d'obligation : 1° Cinq fêtes d'obligation deviennent à dévotion seulement : la *Conversion de Saint Paul*, la *Chaire de Saint Pierre*, l'*Invention des Reliques de Saint Etienne*, la *Décollation de Saint Jean-Baptiste*, la fête des *Saints Innocents*.

2° La fête de *Saint Louis*, roi de France, et celle de *Saint Loup*, de Troyes, restent d'obligation pour les villes et deviennent à dévotion pour la campagne. Le jour des *Morts* est d'obligation seulement jusqu'après l'Office du matin. Les jours des *Cendres*, du *Jeudi Saint*, du *Vendredi Saint*, du *Samedi Saint*, qui, d'après le règlement de 1640, étaient fériés jusqu'après l'office du matin, deviennent libres.

3° Sept des fêtes de dévotion établies dans le dernier règlement de 1640, sont retranchées : la *Visitation*, *Sainte Anne*, *Saint François*, la *Présentation*, *Sainte Catherine*, les *Mercredis* de la semaine de Pâques et de la semaine de la Pentecôte.

Ce dernier règlement ne diffère presque pas de celui qu'avait publié Etienne Poncher, archevêque de Sens, en 1524.

II. En 1688, Denys François Ier, Bouthillier de Chavigny, entre résolument dans l'idée de la réduction des fêtes chômées. D'après le catalogue qu'il publie au synode tenu le 1er juin, cinq fêtes d'obligation sont encore retranchées : les *Saints Fabien* et *Sébastien*, la troisième fête après Pâques, la troisième fête après la Pentecôte, l'*Exaltation de la Sainte Croix*, *Saint Michel*. Il ne reste donc plus que 36 fêtes d'obligation.

Dix fêtes mi-obligatoires ou de dévotion, qui subsistaient encore, sont retranchées : la *Conversion de Saint Paul*, la *Chaire de Saint Pierre*, l'*Invention de la Sainte Croix*, *Saint Pierre-ès-Liens*, l'*Invention des Reliques de Saint Etienne*, *Saint Roch*, la *Décollation de Saint Jean-Baptiste*, *Saint Denys*, *Sainte Catherine*, les *Saints Innocents*.

La fête de *Sainte Madeleine* reste d'obligation pour la ville seulement.

Une nouvelle fête d'obligation est établie pour la ville seulement : la fête de *Saint Joseph*, qu'on trouve dans le catalogue d'Urbain VIII (1).

III. Denys François II, Bouthillier de Chavigny, donna un mandement, le 10 mai, publié le 18 mai 1706, au synode, pour réduire encore le nombre des fêtes chômées. On y trouve 31 jours fériés en semaine.

Cinq fêtes d'obligation sont retranchées : *Saint Marc, Saint Barnabé, Sainte Madeleine, Saint Luc, Saint Nicolas.* Ajoutons la fête de *Saint Joseph*, qui était obligatoire seulement pour la ville. Une part assez large avait été faite aux besoins matériels des fidèles, il était temps de s'arrêter dans la voie des concessions, notre catalogue des fêtes chômées ne différait presque plus du règlement de Grégoire IX, sanctionné par Urbain VIII; mais il est difficile de résister à point nommé aux entraînements des réformes, le but même est déjà dépassé, car la fête de *Saint Joseph*, d'obligation universelle, est abolie. Sur les 31 jours fériés, il est permis de travailler, en temps de moisson ou de vendanges, après la messe qui peut se dire de grand matin aux fêtes de *Saint Jacques*, de *Saint Laurent*, de *Saint Barthélemy*, de *Saint Mathieu*. D'un autre côté, les fêtes de *Sainte Hélène*, de *Saint Loup*, de *Saint Louis*, ne sont obligatoires que pour la ville. En réalité, il ne reste donc plus que 24 jours entièrement et généralement fériés.

IV. Le 1er juillet 1740, sur les instances de plusieurs curés et paroisses, parut une ordonnance de Jacques-

---

(1) L'*Assemblée du Clergé* de 1660 avait envoyé un mandement à tous les Evêques avec une lettre de cachet du roi pour la célébration solennelle de la fête de Saint Joseph. Une nouvelle lettre fut envoyée par l'*Assemblée* de 1665. (*Procès-Verbaux*, t. IV, col. 776 et 1044).

Bénigne Bossuet, apportant une nouvelle modification au catalogue des fêtes chômées. Les fêtes de *Saint Jacques, Saint Laurent, Saint Barthélemy, Saint Mathieu*, sont totalement abolies pour les campagnes, ainsi que le jeûne aux *veilles* de Saint Laurent et de Saint Mathieu; mais ces fêtes restent obligatoires avec le jeûne pour les villes.

Cependant, de tous côtés les évêques se voyant assaillis par les réclamations des populations ouvrières, s'adressèrent de nouveau au Saint-Père. Une requête fut présentée au pape Benoit XIV, à l'effet d'obtenir une plus ample réduction des fêtes d'obligation, parce que le règlement d'Urbain VIII paraissait trop chargé. Benoit XIV, après avoir consulté 40 théologiens, déclara, le 14 novembre 1748 : 1° qu'il ne donnerait pas un décret général pour la réduction des fêtes chômées, mais qu'il attendra les demandes particulières des évêques; 2° qu'au lieu d'une abolition complète de certaines fêtes, il vaudrait mieux laisser l'obligation d'assister à la messe ces jours-là, selon le décret du concile provincial de Taragone, approuvé par un bref de Benoit XIII, en 1728; 3° que le catalogue des fêtes d'obligation dressé par Urbain VIII, en y ajoutant la fête de la Conception de la Bienheureuse Vierge Marie, mise au rang des fêtes d'obligation par la bulle *Commissi nobis divinitùs* de Clément XI, restait obligatoire pour l'Eglise en général; 4° il défendit pour l'avenir tout écrit relatif à la réduction des fêtes (1).

V. Sur la fin de l'année 1762, la question de supprimer de nouvelles fêtes fut agitée dans le diocèse de Troyes.

Nous lisons dans les registres du chapitre de la cathédrale : « 11 février 1763, M. Bertrand a mis sur le bureau le Mémoire des fêtes dont la suppression a été conclue à l'assemblée qui s'est tenue au Palais épiscopal, tant par

---

(1) Bullar. *Bened.*, XIV, t. II, édit. Rome, in-fol. 1754, p. 303.

MM. les Vicaires généraux que par les députés du Chapitre
et ceux des curés de la ville. Les fêtes à supprimer se trou-
vant au nombre de treize, Messieurs, après en avoir déli-
béré, croyant qu'il était plus expédient de ne rien innover,
m'ont chargé de l'écrire à M. le Révérend Evêque, et de
lui faire, au nom de la compagnie, de très-humbles remontrances à ce sujet » (1).

Le 12 février 1763, le Chapitre adresse à l'Evêque, qui
était à Paris, une lettre et un mémoire touchant la suppression des fêtes.

Dans ce mémoire longuement motivé, les membres du
Chapitre rejettent tous les prétextes mis en avant pour la
suppression de ces fêtes. Le Chapitre espère que l'Evêque
voudra bien avoir égard à ses remontrances; dans le cas
contraire, il se réduit à demander du moins que l'on con-
serve les fêtes de *Saint Loup* et *Sainte Hélène*, l'un et l'autre révérés comme les anges tutélaires de la ville; enfin,
le Chapitre supplie et demande que l'on ne touche point
aux troisièmes fêtes de la Pentecôte et de Noël (2)

Le 28 février 1763, Claude-Mathias-Joseph de Barral,
évêque de Troyes, répondit au Chapitre : « Messieurs, j'ay
reçu la lettre que vous m'avez fait l'honneur de m'adresser
et le mémoire qui y était joint ; je l'ay examiné et pesé
avec la plus grande attention, je l'ay aussi communiqué à
plusieurs évêques et habiles avocats de ce pays-cy, et
tous ont pensé que malgré les solides raisons que vous
donnez, le bien général devait prévaloir, et que je ne
sçaurois mieux faire que de procéder à la suppression ou
translation de certaines fêtes de mon diocèse. Je me flatte,
Messieurs, que dans cette démarche vous ne pourrez que
rendre justice à la pureté de mes intentions, et que dans

____

(1) Fol. 70, vᵒ.
(2) Ib. fol. 70-72.

toute autre circonstance vous serez bien persuadés de l'empressement que j'aurai de me conformer à ce que vous pourrez désirer de moi.

J'ai l'honneur d'être, etc. (1)

L'Evêque ne suivit pas dans toute sa rigueur son premier projet. Sept fêtes d'obligation sont retranchées : le *Mardi* de la Pentecôte, *Saint Mathias*, apôtre; *Saint Jacques* et *Saint Philippe*, apôtres; *Saint Simon* et *Saint Jude*, apôtres; *Saint André*, apôtre; *Saint Thomas*, apôtre; *Saint Jean*, apôtre; c'est-à-dire toutes les fêtes des Apôtres, à l'exception de celle de *Saint Pierre* et de *Saint Paul* (2). Quatre fêtes d'obligation sont transférées au dimanche suivant : *Sainte Hélène*, *Saint Loup*, *Saint Louis*, roi de France; *Saint Martin*, de Tours.

Il reste 20 fêtes d'obligation générale pour le diocèse, pendant la semaine. Nous avons à ajouter, la seule et unique fête principale du *Patron*, dans chaque paroisse.

Deux fêtes sont obligatoires jusqu'après l'office du matin : l'*Octave du Saint Sacrement* et la *Mémoire des Trépassés*.

Une fête est obligatoire seulement pour la ville : *Saint Louis*, roi de France.

Ce dernier catalogue officiel des fêtes chômées dans le diocèse de Troyes, se trouve en tête du rituel publié en 1768, par Claude-Mathias-Joseph de Barral (3).

---

(1) Ib. fol. 74 v°.

(2) Partout en France on retranchait du catalogue des fêtes chômées, les fêtes des Apôtres; cette suppression n'eut lieu, pour l'Eglise de Paris, qu'en 1778, le 11 février, en vertu du mandement de M. de Beaumont.

(3) La réduction des fêtes chômées, opérée chez nous en 1768, existait dans la même proportion à peu près partout en France. Cependant, tous les désirs n'étaient pas satisfaits. Dans l'*Assemblée du Clergé* de 1765, le 4 juillet, l'abbé de Cicé fit lecture d'une lettre de M. Bertin, ministre d'Etat, à laquelle était joint un mémoire de la part des Sociétés d'Agriculture, au sujet des fêtes chômées, dont elles demandaient la diminution. L'Assemblée répondit à M. Bertin qu'en général « la réduction considérable des fêtes n'en laisse plus que le nombre indispensable pour animer et soutenir la piété des peuples, et procurer aux ouvriers de la campagne un repos absolument néces-

VI. L'orage de la Révolution allait éclater. Il anéantit en France toutes les fêtes chrétiennes; il ne resta plus que le repos du dixième jour, et on sait que même les bœufs de la Vendée protestèrent contre l'audace sacrilége de la Révolution qui avait aboli le repos du septième jour.

Les agitations politiques s'étant calmées, un concordat fut signé par la France et le Saint-Siége. Le cardinal Caprara, au nom de Pie VII, donna, le 9 avril 1802, un nouveau règlement officiel sur les fêtes chômées.

Il n'y a plus, pour la France, que quatre fêtes obligatoires au jour même où elles tombent en semaine : *Noël*, l'*Ascension*, l'*Assomption* et la *Toussaint*.

Quatre autres sont remises au dimanche suivant : l'*Epiphanie*, la *Fête-Dieu*, *Saint Pierre*, et la fête du *Patron* (1).

Le mercredi 27 prairial an X de la République (16 juin 1802), Marc-Antoine de Noë, évêque de Troyes, par un mandement qui sent l'esprit du temps, publia l'*Indult* du Saint-Siége pour la réduction des fêtes dans le diocèse de Troyes.

------

saire. S'il est encore quelques diocèses dans lesquels le trop grand nombre des fêtes nuise à l'agriculture, vous voudrez bien vous adresser aux évêques qui les gouvernent, pour en obtenir la diminution ». *Procès-Verbaux*, t. VIII, col. 1449, et *Pièces just.*, col. 502, n. XI.

(1) Dies festi præter dominicos in Galliis observandi :
Nativitas D. N. J. C.
Ascensio.
Assumptio B. M. V.
Festum sanctorum omnium.
Festa Epiphaniæ Domini, Sanctissimi Corporis Christi, SS. Apostolorum Petri et Pauli et sanctorum Patronorum cujuslibet diœcesis et parœciæ, quæ in dominicâ proximè occurrente in omnibus ecclesiis celebrabuntur.
Datum Parisiis, ex ædibus nostræ residentiæ, hâc die 9 Aprilis 1802
    J. B. Card. CAPRARA, Legatus.
        J. A. SALA, Apostolicæ legationis Secretarius.

DERNIÈRES RÉFLEXIONS.

I. Sur la multiplication des Fêtes chômées. II. Sur la diminution des Fêtes chômées.

Montesquieu, dans son *Esprit des Lois* (1), au milieu de plusieurs aperçus erronnés sur les fêtes chômées, est dans le vrai, quand il dit que le nombre des fêtes doit être proportionné aux besoins des peuples. La même sagesse qui a fait augmenter en certain temps les fêtes chômées, les a fait diminuer en d'autres, et toujours selon les besoins des peuples, besoins spirituels et temporels.

I. Pendant 12 siècles, le nombre des fêtes va en augmentant. Deux causes principales : l'esprit de foi des populations et leur condition sociale suffisent pour expliquer et justifier ce fait. On n'exigera pas que nous donnions les preuves de la foi de nos pères, si vivace pendant plus de douze cents ans ; elle est prouvée même par le grand nom-

(1) L. **XXIV**, ch. **XXIII**.

bre des fêtes chômées dont nous parlons, et qui répondaient aux besoins sociaux.

Certains moralistes ont avancé que ces fêtes nombreuses entraînaient à leur suite, avec l'inaction, toutes sortes de désordres. C'est confondre l'abus avec l'institution. Nous avons rappelé dans nos observations préliminaires la haute importance des fêtes chômées au point de la morale sociale. Il ne faut donc imputer les abus qu'aux passions humaines qui corrompent tout, et en premier lieu les moyens de répression dirigés contre elles.

Le grand nombre des fêtes chômées n'a pas été compris des économistes qui répètent de tous côtés : « Une des grandes questions qu'ait à résoudre l'économie politique, est celle de pallier les effets désastreux des chômages trop fréquents dans l'industrie ». Un ancien se plaignait d'être obligé de défendre ses actes devant les hommes d'un autre siècle que celui où il avait vécu : les institutions d'une époque ne doivent pas être jugées d'après les habitudes et la manière de voir d'un autre siècle. Oublie-t-on que, pour cent raisons, le travail ne pouvait être au moyen-âge ce qu'il est aujourd'hui ? D'ailleurs, il ne faut pas exagérer, la loi du travail ne peut produire, au sein d'une société, des effets salutaires, que si elle est appliquée dans une juste mesure. Nous n'admettons pas sans doute les doctrines indiennes qui mettent le souverain bonheur dans l'inaction contemplative; mais nous n'admettons pas non plus l'utopie du travail sans repos, que la cupidité voudrait réaliser dans notre siècle.

On a fait contre les fêtes chômées des objections qui sentent par trop la légèreté ; ainsi, Marchangy, dans sa *Gaule poétique*, dépeint l'embarras dans lequel les fêtes chômées, si nombreuses, pouvaient jeter un commis-voyageur *sous les deux premières dynasties*, parce qu'il suppose que les mêmes fêtes se chômaient *ici un jour*, là *un autre jour*; il parle *du défaut d'ensemble à l'égard du cycle solaire et des supputations chronologiques ; de l'échéance arbitraire des jours fériés, de variations fréquentes....* Or, tout cela est un pur roman, car sous les deux premières dynasties comme plus tard, les martyrologes et les calendriers sont d'accord avec les chartes pour placer les fêtes au même jour partout en France.

Nous disons enfin que ces fêtes répondaient aux besoins de la société. Le libéralisme de nos jours reprochera-t-il à l'Eglise d'avoir accordé trop de fêtes aux sujets de la féodalité ? Car il est à remarquer que les fêtes chômées se multiplient principalement à l'époque de la féodalité proprement dite, c'est-à-dire de la fin du XI° siècle à la fin du XIII°. On se rappelle la dure condition des serfs à cette époque : de droit commun ils étaient taillables à merci ; main-mortables ; tenus en fief ; en général, le principal fruit de leur travail n'était pas pour eux. Ils étaient écrasés par cette multitude d'impôts qui, sous toutes sortes de noms, frappaient à chaque pas toute espèce de marchandise, sur les terres des grands et des petits seigneurs. Ils ne pouvaient entrer dans l'état ecclésiastique ou en religion sans l'autorisation du seigneur ; ils étaient soumis au droit de *suite*, ne pouvant transporter leur domicile hors de la seigneurie ou ils étaient nés ; ils étaient soumis à la peine du *for mariage* s'ils se mariaient, sans permission, avec des serfs d'une autre seigneurie ; ils suivaient les seigneurs à la guerre, qui n'éclatait que trop fréquemment ; ils le suivaient, quand il allait faire son service de *garde* ou de *stage* dans les châteaux de son suzerain. Or en Champagne, comme ailleurs en France, la majorité des habitants fut composée de serfs, de la fin du XI° jusqu'au milieu du XIII° siècle. Faut-il donc faire un crime à l'Eglise d'avoir usé de toutes sortes de moyens pour adoucir le sort des serfs ? or les fêtes chômées et la *trève de Dieu* étaient entre autres, des institutions sociales qui remplissaient ce but.

D'ailleurs, si ces fêtes nombreuses sont un crime, pourquoi accuser l'Eglise ? A-t-on oublié que les fêtes chômées ont été établies primitivement plutôt par les habitudes des populations que par la volonté du clergé, avec le concours du pouvoir civil.

II. A partir de la seconde moitié du XIIIe siècle le chômage des fêtes ne s'observe plus avec autant d'exactitude et le nombre des fêtes va en diminuant. Deux causes principales : la diminution de l'esprit de foi publique, et la modification de la condition sociale des populations expliquent ce fait.

Vers le milieu du XIIIe siècle, les institutions ecclésiastiques et monastiques entrent dans une période de décadence dans l'ordre spirituel comme dans l'ordre temporel ; c'est de l'histoire. Dès le commencement du même siècle, on trouve un indice grave, un symptôme alarmant de la diminution de l'esprit de foi publique dans le canon *Utriusque sexus* du IVe concile de Latran (XIIe concile général) en 1215, canon qui prescrit, *sous peine d'excommunication*, la communion au moins à Pâques. — Mais rien ne prouve mieux notre assertion que les abus et la licence qui déshonorèrent en France les fêtes chômées, malgré les décrets de nos conciles, les règlements des assemblées du clergé de France, et les ordonnances de nos rois. Ces abus sont signalés dès l'an 1272, par Humbert des Romains (1); et, pendant 500 ans, mille voix s'élevèrent de tous côtés pour les flétrir (2). Ils amenèrent, en partie, l'abolition d'un grand nombre de fêtes chômées.

La modification de la condition sociale des populations fut la seconde cause qui fit diminuer le nombre des fêtes

____

(1) Loc. cit.
(2) Thomassin, *Traité des Fêtes*, p. 147.

chômées. Le servage, il est vrai, ne fut officiellement aboli et ne disparut du droit public qu'en 1315, en vertu de la fameuse *Ordonnance* de Louis-le-Hutin, adressée au Bailli de Senlis (1); on retrouve encore, au commencement du XIV⁰ siècle, le servage dans *li droits et li coutumes de Champaigne* (2); mais en fait, dès le milieu du XIII⁰ siècle, la liberté politique individuelle avait pris son essor. 1⁰ Un grand nombre de chartes d'affranchissement avaient été octroyées à des serfs domestiques, par les seigneurs ecclésiastiques et laïques. 2⁰ Assez généralement, selon M. Edouard Biot, la domesticité salariée avait remplacé la servitude domestique. 3⁰ La multiplication des artisans libres coïncide avec la réduction des esclaves domestiques; les marchands de toute sorte deviennent de plus en plus nombreux; sur la fin du XIII⁰ siècle, dans les grandes villes, comme à Paris, on trouve les corporations des arts et métiers (3). 4⁰ Les ouvriers mercenaires libres, qui dès le XII⁰ siècle travaillaient au compte des abbayes, employés principalement aux travaux agricoles avec les frères convers, se multiplient au XIII⁰ siècle; et sur la fin de ce siècle, lorsque les frères convers viennent à manquer partout dans notre diocèse, pour l'exploitation des granges monastiques, beaucoup de ces mercenaires prennent à bail les terres des abbayes. 5⁰ Enfin, on trouve dans notre pays des essais de communes, dès le XII⁰ siècle. On peut citer en preuve : les chartes de Chaource, 1165; de Maraye-en-Othe, 1173, étendue à Saint-Mards et Vauchassis, 1198; de Villeneuve-au-Châtelot, 1175; d'Ervy, 1199; mais le développement des institutions communales se produit chez nous surtout à l'époque de la charte communale accordée à Troyes, en 1230; à Bar-sur-Aube, en

---

(3) *Ordonnances des Rois de France*, t. I, p. 588.
(4) Ch. VI, XIII, XXIX, XXX, LIII, LX.
(5) Le *Livre des Métiers*, d'Etienne Boileau, publié par G.-B. Depping.

1231 ; à Villemaur, la même année ; à la Ferté-sur-Aube, en 1232 (1).

Dès la fin du XIII° siècle, les habitants de nos contrées, en général, étaient donc libres (2). Or, l'homme libre, qui travaillait pour lui personnellement, sentait le besoin d'acquérir, et de développer son bien-être par le travail ; aussi voyait-il avec peine tant de fêtes chômées lui enlever un grand nombre de journées de travail. Et ce qui fit tomber plus rapidement en désuétude le chômage des fêtes, c'est que, si en droit, dès la fin du XIII° siècle, les fidèles, généralement parlant, pouvaient posséder, en fait on trouve partout, et principalement dans nos contrées, la plus grande misère à la suite des guerres, des famines et des fléaux de tous genres qui désolent notre pays pendant le XIV°, le XV° et le XVI° siècle.

Les deux causes que nous assignons à la diminution des fêtes, sont les deux motifs qui reviennent sans cesse dans les considérants des catalogues relatifs à la réduction des fêtes chômées : pendant douze siècles, l'Eglise, de concert avec l'Etat, sanctionne la multiplication des fêtes chômées ; de la fin du XIII° siècle à 1802, l'Eglise, de concert avec l'Etat, sanctionne la réduction des fêtes chômées. Nous le répétons, c'est la même sagesse qui, par des moyens divers, tend au bien spirituel et temporel des hommes.

---

(1) D'Arbois de Jubainville, *Histoire des Comtes de Champagne*, t. IV, p. 704.

(2) Le servage ne fut peut-être complètement aboli, en fait, qu'au XVIII° siècle. On lit dans le compte de la Cathédrale de Troyes, 1488-1489 ; « la somme de LXX s. que devait Guillaume Gaulthier, pour sa manumission. »

NOTE I

CONSTITUTIONS APOSTOLIQUES

Quibus diebus famuli debeant operari.

Servi operentur quinque diebus. Sabbato et dominicâ vacent in ecclesiâ propter doctrinam pietatis... Magna hebdomade totâ et eâ quæ illam sequitur, servi otientur... Ascensio sit dies feriatus... In Pentecoste ferientur... Festo Natalis cessent ab opere... In Epiphaniâ festo vacent... In Apostolorum diebus opus non faciant... In die S. Stephani primi martyris ferientur atque in diebus cæterorum martyrum...

(L. VIII, c. XXXIII, p. 419.)

NOTE II

RÈGLEMENT INSÉRÉ DANS LE DÉCRET DE GRATIEN.

Tempora feriandi, in missâ sunt laïcis nuncianda.
Ex concilio Lugdunensi.

Pronuntiandum est laïcis, ut sciant tempora feriandi per annum, id est : omnem dominicam a vespera usque ad vesperam, ne Judaismo capiantur. Feriandi vero per annum isti sunt dies : Natalis Domini, S. Stephani, S. Joannis Evangelistæ, S. Innocentium, S. Silvestri, Octavæ Domini et Theophaniæ, Purificatio S. Mariæ, sanctum Pascha cum totâ hebdomadâ, Rogationes tribus diebus, Ascensio Domini, sancti dies Pentecostes, S. Joannis Baptistæ, duodecim Apostolorum, maxime tamen sanctorum Petri et Pauli, qui mundum sua prædicatione illuminaverunt, Sancti Laurentii, Assumptio S. Mariæ, Nativitas S. Mariæ, Dedicatio ecclesiæ, S. Michaelis Archangeli, Dedicatio cujuscunque oratorii, et Omnium Sanctorum, et S. Martini, et illæ festivitates, quas singuli episcopi in suis episcopatibus cum populo collaudaverint, quæ vicinis tantum circummorantibus indicendæ sunt, non generaliter omnibus. Reliquas vero festivitates per annum non sunt cogendi ad feriandum, nec prohibendi. Indictum vero jejunium quando fuerit denunciatum ab omnibus observetur.

(Decret., part. III, dist. III, c. I.)

NOTE III

DÉCRÉTALE DE GRÉGOIRE IX.

In feriis introductis in honorem Dei et Sanctorum, nisi ob necessitatem vel pietatem, judicium exerceri non potest, etiam de consensu partium : feriis tamen introductis favore hominum partes renunciare possunt.

Conquestus est nobis : Et infra. Quamvis non prorogari, sed expediri deceat quæstiones : debet tamen judicialis strepitus diebus conquiescere feriatis, qui ob reverentiam Dei noscuntur esse statuti : scilicet Natalis Domini, sancti Stephani, Joannis Evangelistæ, Innocentium, sancti Silvestri, Circumcisionis, Epiphaniæ, 7 diebus Dominicæ Passionis, Resurrectionis cum 7 sequentibus, Ascensionis, Pentecostes cum duobus qui sequuntur ; Nativitatis Baptistæ, festivitatum omnium Virginis gloriosæ : 12 Apostolorum et præcipue Petri et Pauli, beati Laurentii, Dedicationis beati Michaelis ; Solemnitatis Omnium Sanctorum, ac diebus dominicis, cæterisque solemnitatibus, quas singuli episcopi in suis diœcesibus cum clero et populo duxerint solemniter venerandas ; quibus utique solemnibus feriis (nisi necessitas urgeat vel pietas suadeat) usque adeo convenit ab hujusmodi abstinere, ut consentientibus etiam partibus, nec processus hahitus teneat, nec sententia quam contingit diebus hujusmodi promulgari. Licet diebus feriatis, qui gratiâ vindemiarum vel messium ob necessitates hominum indulgentur, procedi valeat, si de partium processerit voluntate (1).

NOTE IV

DÉCRET D'URBAIN VIII

Pro observatione festorum.

..... Apostolica auctoritate decernimus et declaramus infrascriptos dumtaxat dies pro festis ex præcepto colendos esse, quos nempe vel ab initio veneranda sacravit antiquitas, vel universalis Ecclesiæ probavit consuetudo, vel omnium gentium unanimis pietas veneratur. Dominicos scilicet dies totius anni, Nativitatis D. N. J. C., Circumcisionis, Epiphaniæ, Resurrectionis, cum duabus pariter sequentibus feriis, Ascensionis, Pentecostes, cum duabus pariter sequentibus feriis, Sanctissimæ Trinitatis, Solemnitatis Corporis Christi, et Inventionis S. Crucis, necnon Purificationis, Annunciationis, Assumptionis, et Nativitatis Deiparæ Virginis, Dedicationis S. Michaelis Archangeli, Nativitatis S. Joannis Baptistæ, SS. Petri et Pauli, S. Andreæ, S. Jacobi, S. Joannis, Sancti Thomæ, SS. Philippi, et Jacobi, S. Bartholomæi, S. Mathæi, SS. Simonis et Judæ, et S. Mathiæ Christi Domini Apostolorum; item S. Stephani Protomartyris, SS. Innocentium, Sancti Laurentii Martyris, S. Sylvestri Papæ et Confessoris, Sancti Josephi etiam Confessoris et S. Annæ Deiparæ respective Sponsi ac Genitricis, solemnitatis omnium Sanctorum, atque unius ex principalioribus Patronis in quocumque regno, sive provincia, et alterius pariter principalioris in quacumque civi-

---

(1) L. II, tit. IX, *de Feriis*, c. V.

tate, oppido, vel pago, ubi hos patronos haberi, et venerari con-
tigerit.

Ad reliquorum vero dierum observantiam, quos hactenus,
sive in universâ Ecclesiâ, sive in quavis natione, aut regno,
provinciâ, diœcesi, aut loco quomodocumque, sive ex præcepto,
sive ex consuetudine, sive ex devotione, Christi Fideles tanquam
festivos celebrarent, nequaquam ex præcepto ipsos teneri, dicta
auctoritate tenore præsentium perpetuo etiam decernimus et
declaramus ne autem dies festos a locorum Ordinariis, nimiâ
aliquorum facilitate, aut populorum importunitate deinceps ite-
rum multiplicari contingat, eosdem Ordinarios, in Domino mo-
nemus, ut ad Ecclesiasticam ubique servandam æqualitatem de
cætero perpetuis futuris temporibus ab indictione sub præcepto
novorum festorum studeant abstinere....

Datum Romæ, apud S. Petrum anno Incarnat. Dominicæ
MDCXLII idib. septembris Pontificatûs nostri anno XX (1).

---

(1) Gardellini, *Decreta auth.*, *s. C. R.*, n. 1411.